Sur le vif

Sortir de la crise globale

Attac

Sortir de la crise globale

Vers un monde écologique et solidaire

sous la direction de
Jean-Marie Harribey et Dominique Plihon

La Découverte
9 *bis*, rue Abel-Hovelacque
75013 Paris

Dans la même collection

Si vous désirez être tenu régulièrement informé de nos parutions, il vous suffit de vous abonner gratuitement à notre lettre d'information bimensuelle par courriel, à partir de notre site

www.editionsladecouverte.fr

où vous retrouverez l'ensemble de notre catalogue.

ISBN 978-2-7071-5795-9

Introduction
La mondialisation calamiteuse

Le temps n'est plus où l'on nous promettait une « mondialisation heureuse ». L'arrogance avec laquelle cette maxime était prononcée par les hérauts du capitalisme globalisé – gouvernements, institutions internationales, dirigeants des multinationales, médias et essayistes complaisants, voire complices – n'est plus de mise. Et pour cause : la crise qui a éclaté en 2007 est la plus grave depuis quatre-vingts ans. Elle n'a rien de conjoncturel car elle ne peut être imputée à l'évolution classique d'un cycle de l'activité économique. Elle n'est pas non plus passagère, à cause de son ampleur, de sa généralité, de la rapidité avec laquelle elle a gagné tous les secteurs importants de la finance et de l'économie, et tous les pays du monde, développés, émergents ou plongés dans la pauvreté. Par sa globalité, la crise est systémique, c'est-à-dire qu'elle renvoie aux structures mêmes de l'économie et de la finance mises en place au cours des décennies 1970 et 1980.

En outre, cette crise dépasse largement la seule dimension économique : c'est aussi, de façon indissociable, une crise écologique et une crise de la démocratie, bref, une crise de la totalité sociale. Le mode de développement capitaliste, dans sa phase néolibérale, a imposé à la nature un saccage sans précédent, en accroissant de façon inédite les prélèvements sur les ressources non renouvelables et les pollutions en tous genres. Il a également piétiné les avancées démocratiques des périodes précédentes, au nom des « lois du marché » qui devaient s'imposer aux élus du peuple, et accentué ses dérives sécuritaires et guerrières.

Comment prendre la mesure de cette crise ? On le sait, elle fut déclenchée, au niveau financier, par l'affaire des crédits états-uniens dits *subprimes*. Mais on ne peut se contenter d'en faire le récit depuis le moment où elle est apparue, un jour de l'été 2007. Ni s'en tenir à la description des mécanismes financiers qui se sont progressivement grippés au fur et à mesure qu'une bulle immobilière enflait aux États-Unis depuis le début de la décennie 2000. Les conditions dans lesquelles cette bulle s'était formée ont sans doute à voir avec la sortie de la crise précédente qui avait marqué, au tout début des années 2000, l'éclatement de la bulle de la « nouvelle économie » liée aux nouvelles techniques d'information et de communication. Si la répétition depuis 1987, qui vit un krach boursier mémorable se produire, de crises au Mexique (1994), en Asie du Sud-Est (1997), en Russie (1998), en Argentine (2001) – sans oublier la profonde crise déflationniste au Japon, qui a duré toute la décennie 1990 – n'est pas le fruit du hasard, il est nécessaire d'en rechercher la raison commune. Comment cette succession de catastrophes qui semblent fatidiques peut-elle être pensée et comprise ?

Notre hypothèse est qu'il convient de replacer la crise actuelle dans le cadre des transformations du capitalisme contemporain, qui s'inscrivent dans le long terme et qui affectent toutes les sociétés du monde. Les principales concernent la globalisation du capital, l'interconnexion de la finance et de la production, et l'élargissement de la sphère de l'accumulation à toutes les activités humaines. À cette globalisation du capital correspond une globalisation de la crise, dont les multiples dimensions s'emboîtent et se renforcent mutuellement :

– *financière*, parce que l'instabilité du système est chronique,

– *sociale*, parce que les travailleurs du monde entier voient leur situation régresser et que les populations les plus pauvres connaissent une grave pénurie alimentaire,

– *écologique*, parce que, aux pollutions et à l'épuisement des ressources, s'ajoute le réchauffement du climat,

– *géopolitique*, parce que les tensions internationales, loin de se résorber avec la fin de la guerre froide, se sont ravivées,

– *démocratique*, parce que les maîtres du capital, avec la complicité active de la plupart des responsables politiques, avaient réussi à rendre indiscutables les règles qui organisaient leur domination.

C'est grâce à cette neutralisation des mécanismes démocratiques que les possédants ont pu imposer pendant trente ans une concentration croissante des richesses et des pouvoirs qui, nous allons le démontrer, est à la racine même de la crise actuelle.

Le présent ouvrage s'efforce donc de faire apparaître le lien entre ces transformations et la crise actuelle. Cohérence, pourrait-on dire, mais cohérence absurde puisqu'elle s'est construite sur la base d'un seul critère : la rentabilité maximale, au mépris du bien-être de l'écrasante majorité des populations.

Le premier chapitre propose une vue d'ensemble de la globalité de la crise. Le deuxième dresse le cadre théorique expliquant les rapports entre la finance et l'économie productive. Le troisième présente l'histoire de cette phase du capitalisme contemporain qu'on appelle le néolibéralisme. Le quatrième montre comment les États-Unis ont pratiqué une fuite en avant contagieuse pour le reste du monde. Le cinquième met en perspective la crise qui sévit au Nord (le centre du capitalisme) et au Sud (la périphérie du système). Le sixième décrit les institutions et les mécanismes financiers dont la responsabilité est majeure dans l'engrenage ayant conduit à la crise, et il explique les mécanismes de la crise *subprime*. Le septième montre comment la crise financière s'est propagée à la sphère productive, et cela, malgré leurs différences dans la plupart des pays. Le huitième revient sur l'articulation entre les différents aspects de cette crise globale pour souligner que le système ne peut plus s'abstraire des limites imposées à l'activité humaine.

Enfin, le dernier chapitre présente les propositions d'Attac dans la perspective de la construction d'une autre mondialisation, faite de coopération à la place de la compétition entre les forts et les faibles. Le réalisme se situe de ce côté, parce que le capitalisme vient de démontrer une nouvelle fois son incapacité radicale à résoudre les urgences sociale et écologique, c'est-à-dire à répondre aux besoins fondamentaux de l'humanité, de *toute* l'humanité. C'est la raison pour laquelle le choix politique d'Attac est de penser et promouvoir une réponse à l'urgence sociale dans le cadre d'une transition vers un système authentiquement démocratique et écologiquement soutenable.

Attac signe ce livre portant sur le thème qui constitue l'originalité du mouvement depuis sa création, il y a un peu plus de dix ans, à savoir le refus de voir l'activité humaine soumise à des exigences financières. Ce livre paraît précisément au moment où le monde vit « en direct » la preuve du caractère mortifère de la financiarisation des sociétés. Il est le résultat de débats au sein d'Attac et avec des citoyens lors de nombreuses réunions publiques menées par ses auteurs. Il représente donc une synthèse des analyses et propositions qu'Attac met en discussion dans la société afin que les citoyens se réapproprient leur avenir. Attac n'entend pas, par cette publication, considérer que ses positions sur tel ou tel sujet sont définitivement arrêtées. Il s'agit de marquer une étape, en complément d'autres textes déjà publiés, et en vue de préparer les suivantes. Beaucoup de questions restent ouvertes au sein d'Attac et dans la société, notamment sur les choix énergétiques, sur la nature des protections à mettre en œuvre contre la concurrence généralisée et les coopérations corrélatives à construire, sur la transition à opérer vers un modèle de développement solidaire et non productiviste ou sur le type d'institutions à imaginer, en particulier au sein de l'Union européenne, pour que la démocratie devienne réalité[1].

1 Sur quelques-uns de ces sujets, le lecteur pourra consulter notamment : ATTAC, *L'Europe à quitte ou double*, Syllepse, Paris, à paraître en 2009 ; *Le Développement a-t-il un avenir ? Pour une société solidaire et économe*, Mille et une nuits, Paris, 2004 ; « Menace climatique, crise énergétique et illusions de la relance nucléaire », *Lignes d'Attac*, n° 71, novembre 2008 ; « Transport, énergie et effet de serre : L'impasse néolibérale », *Lignes d'Attac*, n° 66, avril 2008 ; « Les accords bilatéaux entre l'Europe et le reste du monde : attention, danger ! », *Lignes d'Attac*, n° 61, juillet 2007 ; « Les pièges du libre-échange », *Lignes d'Attac*, n° 47, octobre 2005 ; « La question énergétique en débat » et « Énergie : Réponses à des questions que l'on n'ose pas poser », *Lignes d'Attac*, n° 40, novembre 2004 ; « À économie mondialisée, fiscalité globalisée », *Lignes d'Attac*, n° 37, juillet 2004.

L'approfondissement de la démocratie ne viendra pas spontanément des gouvernements et des tenants des pouvoirs établis, mais de la capacité d'auto-organisation de la société. Attac participe et participera à cette aventure avec tout le mouvement altermondialiste.

Cet ouvrage a été réalisé par un groupe de travail comprenant des économistes membres du Conseil scientifique d'Attac ou extérieurs à celui-ci : Geneviève Azam, Jacques Cossart, Trevor Evans, Jean-Marie Harribey, Michel Husson, Esther Jeffers, Isaac Johsua, Dominique Plihon, Jacques Sapir, Stéphanie Treillet. Il a bénéficié de la relecture attentive de Jean Tosti ainsi que des suggestions de Christian Chavagneux, Thomas Coutrot et Pierre Khalfa que nous remercions.

J.-M. H. et D. P.

1 Crises multiples, crise globale, crise de la globalisation

L'examen méthodique de chacune des facettes de la crise globale est facilité quand on les prend une par une, mais cette méthode ne doit pas faire croire à une simple juxtaposition. La simultanéité des désordres, des soubresauts, des effondrements parfois et, souvent, des malheurs des populations n'est certainement pas fortuite. Elle est la marque du caractère systémique de cette crise. C'est pourquoi nous essaierons, dans ce premier chapitre, de proposer une analyse du contexte dans lequel elle s'inscrit, après en avoir dégagé les traits principaux.

Une crise financière

L'enchaînement des faits est connu[1]. Au cours du printemps et de l'été 2007, le marché de l'immobilier aux États-Unis s'est retourné. Un secteur porté par l'abondance de crédit depuis le début de la décennie arrive à un tel état de surproduction que les prix finissent par cesser de monter et amorcent une

1 On pourra consulter en complément de ce livre la *Lettre du Conseil scientifique d'Attac*, n° 6, consacrée à la crise financière, disponible sur http://www.france.attac.org, et le compte rendu du séminaire « Spéculation et crises : ça suffit ! », tenu à la Sorbonne, le 21 juin 2008, disponible sur http://www.france.attac.org, et http://www.stop-finance.org.

chute. Le facteur déclenchant de la crise est la brutale hausse des taux d'intérêt décidée en 2004 par la Réserve fédérale (Fed), la banque centrale des États-Unis.

Dans cette nouvelle conjoncture, les ménages américains modestes qui avaient emprunté à taux variables[2] sont pris à la gorge, voient la valeur de leurs actifs immobiliers s'éroder et ont de plus en plus de mal à honorer leurs engagements vis-à-vis de leurs banques créancières. Celles-ci, entraînées par la vague de financiarisation propre au néolibéralisme dont elles étaient l'un des moteurs, avaient transformé les hypothèques prises sur les logements et immeubles, dont elles avaient financé l'achat, en titres financiers, par la procédure de « titrisation ». Vendus, ces titres s'étaient dispersés dans les portefeuilles des innombrables institutions financières et fonds de placement qui agissent quotidiennement sur les marchés. Dissémination des titres hypothécaires et effondrement de leur valeur financière ont brutalement placé, pendant l'été 2007, le secteur bancaire et financier dans la plus grande difficulté. On pourrait croire que les banques avaient péché par ignorance du risque. Au contraire, elles entendaient tirer parti du fait qu'elles accordaient des crédits à hauts risques (appelés *subprimes*). À leur tour, tous les fonds qui ont pour métier de spéculer espéraient profiter de hauts rendements, puisque le marché immobilier semblait indéfiniment porteur.

Seuls les naïfs ou les experts aveuglés par leur suffisance y croyaient. Ils ont eu l'air surpris lorsque, le 22 juin 2007, la banque d'investissement Bear Stearns a annoncé la faillite de deux de ses fonds spéculatifs, quand, le 26 juillet, les Bourses ont dévissé et quand, le 9 août, BNP Paribas a gelé trois de ses fonds. À partir de là, pour éviter une crise de liquidité, la Fed, la Banque centrale européenne (BCE), la Banque du Japon et la Banque d'Angleterre ont injecté, au cours des semaines suivantes, des centaines de milliards de dollars, d'euros, de yens et de livres sterling. De plus, pendant tout le reste de l'année 2007 et au cours de 2008, la Fed a baissé son taux directeur (ramené en

2 Les taux d'intérêt des crédits immobiliers aux États-Unis sont indexés sur ceux du marché, et montent donc dès que la banque centrale augmente les taux directeurs qui servent de référence aux marchés.

quelques mois de 5,25 % à 0 %), toujours dans le but d'éviter la raréfaction de liquidités et la transmission de la crise à l'économie productive.

Rien n'y a fait. Les largesses de crédit des banques centrales n'ont empêché ni la crise de liquidité, ni la crise de solvabilité des banques, ni les répercussions sur la production mondiale. Le 17 septembre 2007, la banque Northern Rock voit son titre perdre 40 % de sa valeur et la Banque d'Angleterre est contrainte de voler à son secours. Successivement, nous avons assisté, en France, aux déboires de la Société générale et, aux États-Unis, au rachat de Bear Stearns par JP Morgan sous l'œil bienveillant de la Fed, à la quasi-nationalisation de Fannie Mae et Freddie Mac, et de l'assureur American International Group (AIG), aux faillites de la banque Lehman Brothers et de la caisse d'épargne Washington Mutual.

Plus grave, la crise a gagné l'économie réelle, celle qui produit, puisque la plupart des pays capitalistes développés sont maintenant en récession. La production de la zone euro a reculé de 0,2 % au deuxième trimestre 2008 et de nouveau de 0,2 % au troisième ; celle de l'Allemagne de 0,4 % et 0,5 % aux deuxième et troisième trimestres ; celle de la France de 0,4 % et 0,7 % aux deuxième et quatrième, celle du troisième étant quasi constante. Les prévisions de la Commission européenne pour 2009 font état d'un recul probable de l'activité de 1,8 % au sein de l'Union.

Les plans de relance décidés par George W. Bush, puis par Barack H. Obama n'ont pas empêché l'économie américaine de connaître le même sort, et le chômage de subir une forte hausse. L'ONU a même prévu, pour 2008 et 2009, des taux de croissance de la production mondiale en recul, se situant autour de 1 à 1,5 %, au lieu des 4 % des années antérieures. Ainsi, au million de ménages américains (bientôt beaucoup plus) privés de logement, s'ajoutent les victimes de la même crise en Espagne, en Irlande, et tous les chômeurs supplémentaires, en raison de la récession qui gagne progressivement nombre de pays de par le monde.

Nous reviendrons plus loin sur les raisons profondes de la propagation de la crise démarrée dans l'immobilier, mais, d'ores et déjà, on peut remarquer que, dans le domaine strictement financier, les banques centrales alimentent les bulles financières en période de surchauffe et, plus tard, sont contraintes de se porter au secours des institutions ayant pris trop de risques ou, pour le dire plus prosaïquement, ayant trop spéculé. Une telle contradiction dans la conduite des politiques monétaires ne peut qu'avoir des conséquences désastreuses pour toutes les sociétés.

Une crise sociale

La dimension sociale de la crise n'est pas née de la crise financière précédemment abordée, mais celle-ci exacerbe le phénomène, et ce dans deux directions : la condition salariale continue de se dégrader dans le monde entier et les populations les plus pauvres ont subi les conséquences d'une hausse brutale des prix des céréales de base, au point de provoquer ce qui a été appelé à juste titre une crise alimentaire[3].

Les mouvements sociaux le disaient depuis de nombreuses années, les syndicats le répétaient, de même que les forces politiques qui ne s'étaient pas abandonnées dans les bras du néolibéralisme, Attac en faisait un de ses thèmes majeurs, mais toutes les voix dominantes le niaient : la part des richesses produites (la « valeur ajoutée ») allant aux salariés se réduisait, corrélativement à la montée de la part des profits. Un quart de siècle de dénégation qui s'achève aujourd'hui par un aveu général. Aussi bien le Fonds monétaire international (FMI) que l'Organisation de coopération et de développement économiques (OCDE) et que l'Union européenne reconnaissent ce qu'ils ne peuvent plus nier. Dans tous les pays capitalistes développés, la part salariale a chuté dans des proportions pouvant atteindre 10 points ou plus de pourcentage de produit intérieur brut (PIB[4]).

---

3 Nous insistons pour ne pas faire de la crise alimentaire une catégorie qui serait à part du social entendu comme le mode d'organisation de la société : la question alimentaire touche évidemment à l'un des besoins premiers et vitaux de l'humanité, mais elle constitue aussi un puissant révélateur de la manière dont les hommes règlent leurs rapports. Voir ATTAC, Confédération paysanne, « Pour d'autres politiques agricoles et alimentaires en Europe : une nouvelle régulation internationale », *Lignes d'Attac*, n° 71, novembre 2008, disponible sur http://www.france.attac.org.

4 Voir le graphique 1 dans le chapitre II.

Le modèle d'accumulation financière a fini par exploser parce que, à force de précariser la condition salariale, la finance hors sol a fait long feu. Autrement dit, la finance a été rattrapée par une contrainte dont elle avait cru pouvoir s'exonérer : seul le travail produit de la valeur économique. À l'illusion d'un monde enchanté où la richesse naîtrait du néant, grâce à une finance faiseuse de miracles[5], a succédé une crise globale qui révèle qu'il y a une limite à l'exploitation de la force de travail, de la même façon que le capitalisme approche de la limite de l'exploitation de la nature. De fait, les thèses en vogue sur la « juste valeur » (*fair value*) qui résulterait de la loi du marché[6] ou bien d'un pur mécanisme mimétique autoréférentiel[7], débarrassée de toute référence à des « fondamentaux » de l'économie, sont quelque peu malmenées par la crise[8].

Comment expliquer cette évolution de la part salariale dans la valeur ajoutée, qui est l'une des caractéristiques majeures du néolibéralisme depuis un quart de siècle ? En raison d'un rapport de force très défavorable aux travailleurs touchés ou menacés par le chômage, les patronats et les gouvernements ont réussi à imprimer un triple mouvement. D'abord, ils ont organisé la mobilité du capital à l'échelle internationale, ce qui a permis à ses détenteurs de mettre en concurrence les travailleurs, les

---

5 Dans cette phase du capitalisme, Marx aurait dit que la finance « fétiche » avait été rattrapée par la « loi de la valeur ».

6 Ainsi que l'imposent les *international financial reporting standards* (IFRS), nouvelles normes comptables élaborées par l'International Accounting Standards Board (IASB) ; voir les chapitres 5 et 9.

7 Un processus autoréférentiel est un processus par lequel la valeur des actifs financiers et, au-delà, celle de toutes les marchandises n'auraient plus rien à voir avec des « fondamentaux » objectifs (la valeur des entreprises pour les actions, les conditions de production pour les marchandises). Elles ne relèveraient que de considérations subjectives, amplifiées jusqu'à l'extrême par les comportements moutonniers. Ce mécanisme conduit à l'amplification, à la hausse ou à la baisse, des variations. Ainsi, lorsque la bulle a trop monté, la réalité exerce une sorte de force de rappel irrépressible. Sur l'analyse du mimétisme, voir A. Orléan, « Efficience, finance comportementale et convention ; une synthèse théorique », *in* Cae, *Les Crises financières*, La Documentation française, Paris, 2004, p. 241-270.

8 Ainsi, on lit : « Les événements récents démontrent également que des valorisations déconnectées des fondamentaux et des principaux facteurs de risques – dont la liquidité – peuvent contribuer à l'émergence des crises financières. » P. Amis, S. Sotil-Forgues, « *Mark to market, mark to model* et *mark to make believe* », *in* Cae, *La Crise des* subprimes, La Documentation française, Paris, 2008, p. 177.

hommes et les femmes et les États du Nord et du Sud, de manière à exercer une pression à la baisse sur les salaires, la fiscalité et la protection sociale. Ensuite, sous couvert d'une lutte contre l'inflation, ils ont imposé une déconnexion entre l'évolution des salaires et celle de la productivité du travail, l'essentiel des surplus de cette dernière allant aux profits. Enfin, ils ont réduit le périmètre de la protection sociale – qu'il faut considérer comme du salaire socialisé, puisqu'une fraction de la richesse collective est mutualisée, à travers l'assurance maladie et les retraites collectives. La régression sociale prend en effet une double dimension, la compression des salaires directs s'accompagnant des contre-réformes de l'assurance maladie et des retraites, vouées à être progressivement privatisées.

La crise sociale dans les pays du Sud prend d'autres formes. Au sein des pays appelés « émergents », la violence de l'accumulation du capital, conduite le plus souvent par des firmes multinationales, s'exprime de manière crue. Ainsi, les droits sociaux élémentaires ne sont pas reconnus, comme en Chine, ou bien les luttes sociales sont réprimées, comme la grève générale des travailleurs coréens en 1996-1997, qui fut peut-être, avec la grève de novembre-décembre 1995 en France, l'une des premières résistances organisées et massives à la mondialisation néolibérale.

Au sein des pays les plus pauvres, la crise sociale a pris le visage, pendant le premier semestre 2008, de ce que les médias ont appelé les « émeutes de la faim ». Au cours des deux dernières années, les prix des céréales de base ont connu sur les marchés mondiaux une hausse spectaculaire. Le riz, le blé, le maïs, bases de l'alimentation d'une très grande majorité de la population mondiale, ont vu leurs cours multipliés par deux ou trois. On nous dit que c'est la faute aux Chinois, aux Indiens, aux Brésiliens, qui veulent manger trois fois par jour. Peut-on croire que seule la hausse de la demande puisse provoquer une poussée aussi brutale des prix en l'espace de quelques mois, voire en quelques heures[9] ? En réalité, au fur et à mesure que les gérants de fonds de placement ont pris conscience que les titres

9 Le 27 mars 2008, à Bangkok, le prix de la tonne de riz thaï est passé de 580 à 760 dollars (+ 31 %) en quelques heures.

financiers qu'ils possédaient risquaient d'être dévalorisés à cause de la crise boursière, ils ont cherché d'autres « valeurs refuges ». Ils ont donc converti leur argent en placements sur les matières premières et les denrées alimentaires, dont ils savaient qu'elles n'avaient à long terme que peu de risques de baisser, parce que leur demande aura, dans l'avenir, tendance à augmenter.

Cette tendance de fond s'est transformée en un mouvement brutal qui frappe avec violence les populations les plus fragiles. Sur tout le continent africain et dans certaines parties de l'Asie et de l'Amérique centrale, des révoltes de la faim ont commencé à éclater. Les populations des pays où le FMI et la Banque mondiale avaient imposé la diminution drastique des protections aux frontières, la suppression des subventions sur les denrées de base et l'affectation des meilleures terres à des cultures d'exportation, au détriment des cultures vivrières – et souvent en écartant les femmes qui les ont en charge –, se trouvent désormais à la merci des hausses de prix. Des prix qui sont de moins en moins régulés, en raison de la libéralisation décidée par l'Organisation mondiale du commerce (OMC). D'ailleurs, la meilleure preuve que la spéculation a été à l'origine de l'explosion des prix des céréales, et aussi des matières premières comme le pétrole, est que, depuis le début de l'été 2008, s'est produit un spectaculaire renversement de tendance, qui ne peut s'expliquer fondamentalement par les variations de la demande (figure 1). Quand les prix flambent, les pays et consommateurs les plus pauvres en pâtissent, tandis que les actionnaires et les multinationales spéculent et engrangent des profits. Quand ils chutent, la mise en concurrence mondiale aboutit à la sélection des systèmes de production les plus productifs et/ou les plus subventionnés, aux dépens des agricultures paysannes.

Les cris d'alarme ne manquent pourtant pas. Et ils ne viennent pas uniquement des organisations paysannes comme Via Campesina. Après Jean Ziegler, le nouveau rapporteur spécial auprès des Nations unies pour le droit à l'alimentation, Olivier De Schutter l'affirme : « Les biens agricoles ne sont pas des marchandises comme les autres, et ce serait une grave erreur de les considérer comme telles. Pour deux raisons. D'abord, on ne produit pas seulement pour nourrir les gens, mais aussi pour

Figure 1 Cours internationaux des matières premières importées

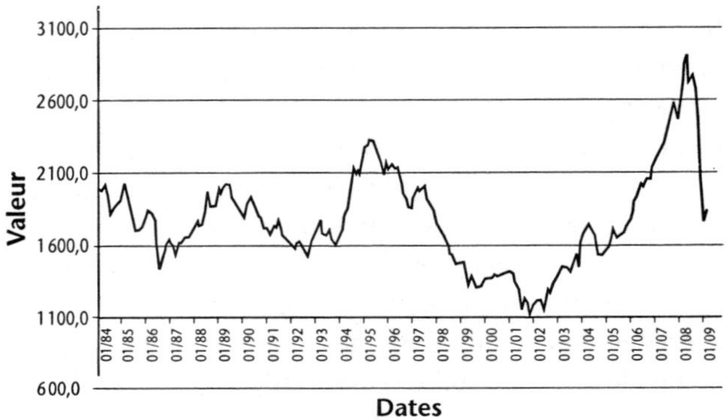

Indice Reuter. Base 100 en 1931.
Source : INSEE.

assurer l'exercice d'un droit de l'Homme. Il ne faut donc pas fragiliser cette capacité de tous à se nourrir à des conditions acceptables et pour un prix raisonnable[10]. » Les multinationales ont bien compris l'enjeu pour elles de modifier génétiquement les semences afin de subordonner les trois ou quatre milliards de paysans dans le monde.

Au total, le résultat est là : les inégalités s'aggravent, au Nord comme au Sud, et entre le Nord et le Sud. La Banque mondiale elle-même écrit : « Le monde en développement est plus pauvre que nous le pensions, mais il n'enregistre pas moins de succès dans la lutte contre la pauvreté[11]. » En langage clair, cela signifie que, s'il y a un peu moins de pauvres dans le monde qu'il y a vingt-cinq ans (1,4 milliard de personnes avec moins de 1,25 dollar par jour aux prix de 2005 contre 1,9 milliard en 1980), cela est dû essentiellement au décollage économique de la Chine,

10 L. Lamant, « Les solutions à la crise alimentaire existent, les dirigeants politiques ne veulent pas les voir », Médiapart, disponible sur http://www.mediapart.fr.

11 S. Chen, M. Ravallion, « The developing world is poorer than we thought, but no less successful in the fight against poverty » *Policy Reseach Working Paper*, 4703, août 2008, disponible sur http://www-wds.worldbank.org.

pays à l'intérieur duquel les inégalités explosent justement depuis ce décollage ! Encore faut-il ajouter que les statistiques de la Banque mondiale n'ont pas encore enregistré les effets dramatiques de la crise alimentaire récente. Cependant, les premières estimations de l'Organisation des Nations unies pour l'alimentation et l'agriculture (FAO) pour l'année 2008 portent à 963 millions le nombre de personnes qui souffrent de la faim, contre 925 en 2007 et 850 en 2006. Et les statistiques prennent difficilement en compte le fait que la crise sociale qui frappe les plus pauvres du monde est aggravée par la crise écologique, nouvelle limite à l'expansion généralisée de l'activité économique.

Une crise écologique

Le constat d'une crise écologique n'est plus maintenant fait seulement par quelques écologistes isolés, mais est dressé par l'ensemble de la communauté scientifique et reconnu de plus en plus par les institutions internationales, notamment l'ONU depuis qu'elle a tenu des conférences mondiales sur la question, notamment à Stockholm en 1972 et à Rio de Janeiro en 1992. Des institutions aussi réfractaires à l'analyse réelle des situations que l'OCDE lui emboîtent le pas et multiplient les rapports faisant l'inventaire des multiples dégradations. Dans ses *Perspectives de l'environnement à l'horizon 2030*[12], l'OCDE n'en tire pas la conclusion qu'il faut revoir les modèles de production et de consommation ou s'écarter du productivisme, mais au contraire qu'il faut approfondir la marchandisation de la société : « Généraliser les approches fondées sur les mécanismes du marché afin de permettre des gains d'efficience et de parts de marché grâce à l'innovation. »

La communauté internationale affiche cependant sa volonté de lutter contre le réchauffement climatique. Elle prépare l'adoption d'un plan qui fera suite au protocole de Kyôto (1997), visant à réduire les émissions de gaz à effet de serre (GES). Jusqu'ici, aucun des objectifs fixés, pourtant peu ambitieux, n'a été atteint.

12 Voir le résumé présenté par J. Cossart, disponible sur http://www.france.attac.org.

Parce que aucun État n'a vraiment pris le problème à bras-le-corps. Les États-Unis avaient refusé de ratifier le protocole de Kyôto. Et l'Union européenne s'est ralliée au principe discutable du marché de permis d'émission qui n'a eu strictement aucun effet écologique : la quantité de quotas de tonnes de carbone autorisée a été tellement importante que le prix de la tonne de CO_2 a d'abord chuté jusqu'à quelques centimes d'euro, puis a connu des variations incompatibles avec une réelle régulation (figure 2).

Figure 2 Cours du CO_2 sur le marché européen du carbone*
en euros par tonne

* Contrats à termes, échéances décembre 2008.
Source : *Alternatives économiques*, hors-série, n° 77, 3e trimestre 2008.

Selon le dernier rapport (2007) du Groupe intergouvernemental d'experts sur l'évolution du climat (GIEC[13]), il est nécessaire, afin d'éviter un emballement climatique incontrôlable, de limiter le réchauffement planétaire en 2100 à une valeur d'environ + 2 °C au-dessus de la température moyenne terrestre à l'époque préindustrielle ou, en d'autres termes, de stabiliser en 2100 la concentration des GES dans l'atmosphère à environ 450 parties par million équivalent CO_2. Obtenir ce résultat

13 Groupe intergouvernemental d'experts sur l'évolution du climat, mis en place en 1988 sous l'égide de l'ONU. Voir le Rapport complet du groupe de travail I du GIEC, chapitre 10, p. 824-825, disponible sur http://www.ipcc.ch.

nécessiterait de diviser *au moins par deux* les émissions annuelles mondiales de GES à l'horizon 2050 par rapport à 1990, année de référence du protocole de Kyôto, sachant que le rythme de baisse à respecter est aussi important que la valeur finale à atteindre. C'est ainsi que, pour les pays industrialisés (pays de l'Annexe 1 du protocole), la baisse des émissions devrait atteindre entre 25 et 40 % en 2020, et *entre 90 et 95 % en 2050*, par rapport à 1990.

Or, l'Union européenne n'envisage qu'une timide baisse de 20 % d'ici 2020 (dont seulement le tiers en Europe même, les deux autres tiers devant être obtenus dans les pays en développement par les « mécanismes de développement propre ») et les États-Unis n'entrevoient qu'une simple stabilisation des émissions à cette date. Ces objectifs insuffisants placent le réchauffement climatique sur une trajectoire qui le conduirait à atteindre environ + 4 °C en moyenne en 2100, davantage encore à l'intérieur des continents, c'est-à-dire à une catastrophe planétaire.

Plus grave encore, des fonds de placement ont compris quel parti ils pouvaient tirer de placer leur argent sur des quotas de carbone, devenus de véritables instruments financiers sur lesquels ils spéculent à la hausse à long terme, la crise écologique s'aggravant inexorablement. Ainsi, vient d'être annoncée la création à Londres, par la firme CF Partners, d'un fonds spéculatif destiné à jouer sur les différences des valeurs des crédits carbone entre les différents marchés existant dans le monde [14]. Le risque est alors de voir les quotas d'émission de carbone transformés en produits financiers sur lesquels la spéculation pourra se déchaîner, démontrant ainsi une nouvelle fois l'incapacité radicale du marché à réguler la planète.

Pendant que les paris sur les titres financiers et sur les matières premières font le quotidien de la Bourse, au mépris des conditions sociales dans les entreprises et pour le plus grand bénéfice des actionnaires, apparaissent de nouvelles formes de spéculation qui portent sur les denrées alimentaires et sur la protection du climat. Non contentes de polluer les sols, les

---

14 Voir H. Kempf, « Un "hedge fund" créé à Londres pour jouer sur le marché du carbone », *Le Monde*, 7 janvier 2009.

océans et l'air, les firmes multinationales entendent profiter de la lutte contre les dégradations qu'elles ont contribué à engendrer.

Au lieu d'envisager une révision du modèle économique productiviste qui épuise la planète et dérègle le climat, la plupart des gouvernements et des grandes firmes préparent la reconversion de millions d'hectares en terres à agrocarburants à la place de la nourriture.

Sur la question énergétique, le pic de la production de pétrole approche à grands pas, s'il n'est pas déjà franchi. L'épuisement de cette ressource est donc une affaire de quelques décennies tout au plus. Comme pour le gaz naturel et l'uranium. Dans ces conditions, l'Agence internationale de l'énergie reconnaît elle-même que le recours au nucléaire ne peut être une solution pour l'humanité : alors qu'il représente environ 6 % de l'énergie primaire et à peine 3 % de l'énergie finale, les prévisions font état d'une stabilité de cette proportion (figure 3 [15]).

Figure 3 Évolution de la consommation mondiale d'énergie

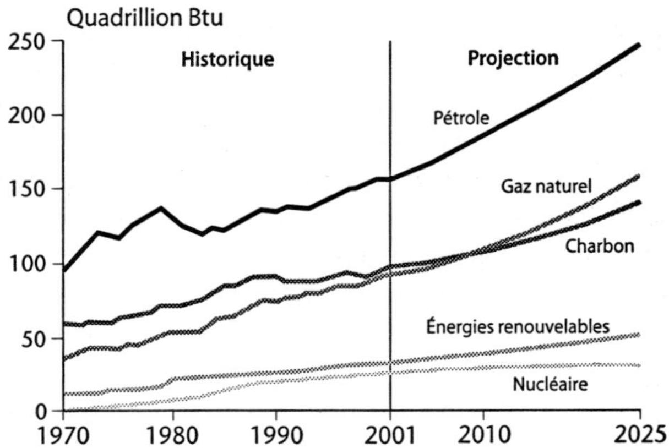

Source : Agence internationale de l'énergie, http://www.iea.org. Un quadrillon équivaut à 10^{24}, c'est-à-dire à un million de milliards de milliards. Un Btu (*British thermal unit*) est une unité d'énergie égale à la quantité de chaleur nécessaire pour élever la température d'une livre anglaise d'eau d'un degré Fahrenheit.

15 Voir Global Chance, « Nucléaire : la grande illusion, Promesses, déboires et menaces », *Les Cahiers de Global Chance*, n° 25, septembre 2008, disponible sur http://www.global-chance.org.

La gestion du climat et des ressources naturelles ne peut donc être laissée aux spéculateurs. Ni même aux experts qui ne la voient qu'au travers de calculs comparatifs de coûts, à l'instar du rapport de Nicolas Stern au gouvernement du Royaume-Uni le 30 octobre 2006[16], qui a évalué de 0,5 % à 1 % du produit mondial le coût économique annuel du réchauffement climatique d'ici 2050, davantage si le réchauffement s'accélérait. Avec un réchauffement de 5 à 6 °C, la perte de production mondiale pourrait atteindre 5 à 10 %, et plus de 10 % pour les pays pauvres. Le coût de l'inaction face au changement climatique est estimé par ce rapport à 20 % de la consommation par tête.

S'en tenir à ces évaluations économiques laisserait passer l'essentiel, non seulement parce qu'il y va de la survie des plus pauvres, qui sont les moins bien armés face au dérèglement climatique, à la montée des océans et à la raréfaction des ressources, mais aussi parce que la crise écologique nous met devant une situation qui va bien au-delà de la dégradation de la planète. Elle nous fait toucher du doigt que l'humanité est sur le point de franchir les limites au-delà desquelles la possibilité de vivre ensemble est compromise, voire anéantie. En fin de compte, l'accumulation du capital repose sur la possibilité de la cantonner à une minorité. L'accès des classes laborieuses des pays développés à un meilleur niveau de vie après la Seconde Guerre mondiale a fini par être considéré comme portant tort au taux de profit. L'irruption de nouvelles puissances économiques importantes rapproche le « système monde », comme dit l'historien Immanuel Wallerstein, d'un point de bascule[17]. D'une crise aux aspects multiples, on débouche sur une crise globale qui est sans doute une crise de la globalisation.

Une crise globale qui est une crise de la globalisation

Dans les années 1970, tous les économistes libéraux, les commentateurs médiatiques et les gouvernements du monde

16 Un résumé en français ainsi que le texte complet de ce rapport sont disponibles sur http://www.hm-treasury.gov.uk.

17 I. Wallerstein, « La fin d'un monde », *Sciences humaines*, « Les grands dossiers », n° 12, septembre-octobre-novembre 2008.

discouraient sur les « chocs pétroliers » de 1973 et 1979, auxquels était imputée la crise économique qui frappait les pays capitalistes développés. Si ce diagnostic avait signifié que la croissance précédente avait commencé à épuiser une ressource fossile, on aurait pu y voir un indice de compréhension de la gravité de la situation. En réalité, il s'agissait de disculper le système économique capitaliste de toute responsabilité dans la genèse de la crise.

Seuls quelques rares chercheurs n'ayant pas oublié que le capitalisme est un système fondé sur l'accumulation [18] et traversé de contradictions avaient repéré que les taux de profit s'étaient fortement émoussés à partir du milieu des années 1960 aux États-Unis, quelques années après en Europe et au Japon. En France, l'INSEE lui-même confirmait ce constat [19]. Plus récemment, des économistes marxistes ont confirmé la rupture intervenue à cette époque dans la rentabilité du capital, elle-même reliée à l'affaiblissement de sa « productivité [20] ». Avec le recul, aujourd'hui, l'hypothèse que les « trente glorieuses » ne furent, dans beaucoup de pays, qu'une phase de rattrapage des énormes dégâts provoqués par « trente années de guerre » (deux guerres mondiales encadrant la sévère crise des années 1930) semble sérieuse [21].

Mais, lorsque s'achèvent les « trente glorieuses », peu savent que c'est la fin de la période de croissance forte et de la phase de « compromis social », car le néolibéralisme va balayer tout cela en libérant la circulation des capitaux pour restructurer l'économie mondiale et restaurer rapidement les taux de profit. La globalisation financière était en marche, ignorant qu'une nouvelle contrainte se profilait. André Gorz la définissait ainsi en 1978 : « Nous avons affaire à une crise classique de suraccumulation compliquée par une crise de reproduction due, en dernière analyse, à la raréfaction des ressources naturelles [22]. »

---

18 Pour un approfondissement de cette notion, voir Attac, *Le Petit Alter. Dictionnaire altermondialiste*, Mille et une nuits, Paris, 2006.

19 Insee, « Fresque historique du système productif », Les Collections de l'INSEE, n° 27, 1974.

20 Voir notamment G. Duménil, D. Lévy, *Crise et sortie de crise. Ordre et désordres néolibéraux*, PUF, Paris, Actuel Marx Confrontation, 2000.

21 Telle est la thèse soutenue notamment par I. Johsua, *Une trajectoire du capital. De la crise de 1929 à celle de la nouvelle économie*, Syllepse, Paris, 2006.

22 A. Gorz, *Écologie et politique*, Seuil, Paris, 1978, p. 29-35.

Le virage fut vite négocié : ce fut celui du néolibéralisme. Les représentants de la haute bourgeoisie financière mondiale, le groupe Bilderberg, la Commission trilatérale[23], les institutions financières internationales et les gouvernements des principaux pays industrialisés ne perdirent pas de temps. Il était hors de question de relancer l'accumulation du capital en utilisant les mêmes recettes qu'après guerre. L'ère du colonialisme « primitif » était dépassée, et la consommation, relancée constamment par des salaires corrélés à la productivité et par une protection sociale universelle, coûtait trop cher aux yeux d'actionnaires ayant repris le pouvoir.

Tous les obstacles furent abolis et les contrôles mis en place à Bretton Woods (1944) disparurent. À marche forcée, le monde s'engageait sur la voie des déréglementations, des privatisations, en un mot de la libéralisation pour mieux marchandiser tout ce qui avait jusque-là échappé à la loi de la rentabilité maximale : transports publics, télécommunications, énergie, distribution de l'eau, et bientôt école, santé et retraites. Un nouveau cadre se dessinait à l'intérieur duquel se multipliaient fusions, absorptions, délocalisations, et ces restructurations renforçaient la concentration du capital. Pour faire entrer les pays du Sud dans le moule de la mondialisation, le FMI et la Banque mondiale leur imposèrent des plans d'ajustement structurel. Le dogme reçut même une appellation contrôlée : le « consensus de Washington ».

La déréglementation financière engendra la prolifération de techniques financières baptisées « innovations » : produits dérivés, titrisation, marchés à terme, rachat d'actions, effet de levier, stock-options. Tout cet arsenal, dont l'utilisation fut largement facilitée par l'informatique, eut pour effet de favoriser une instabilité financière chronique, débouchant périodiquement sur la montée d'une bulle spéculative suivie systématiquement d'un krach. Puisque la stabilisation de la demande ne passait plus par une répartition des revenus dont les salariés tiraient quelque avantage, elle fut, aux États-Unis, assurée par un développement considérable de l'endettement et par une réduction à néant de

23 Sur ces deux institutions, voir Attac, *Le Petit Alter. Dictionnaire altermondialiste*, Mille et une nuits, Paris, 2006, p. 170-171.

l'épargne des ménages riches. Ces derniers, profitant de la valorisation de leur patrimoine financier, s'enivrèrent de consommation et tirèrent la croissance américaine. Cela ne dura qu'un temps, car la consommation des riches et les déficits de l'État, à cause notamment des guerres en Afghanistan et en Irak, furent des aspirateurs à capitaux extérieurs, provoquant des déséquilibres en chaîne dans l'économie mondiale (schéma 1).

Schéma 1 Crise globale

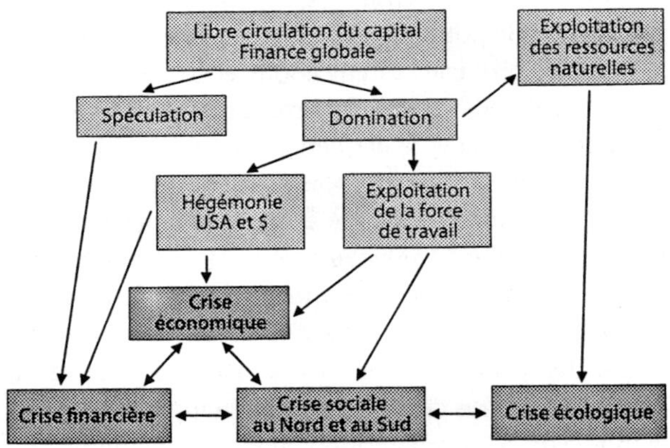

Au cœur d'une crise, le dilemme des banques centrales est cruel mais logique : soit elles ouvrent le crédit (c'est ce que fit la Fed entre 2001 et 2004), et les fonds de placement empruntent pour spéculer, initiant une nouvelle bulle qui finit par entraîner l'économie dans sa chute, soit elles le restreignent, et l'économie réelle est bridée. Le capitalisme néolibéral dérive entre deux écueils : effondrement ou asphyxie.

Certains voient dans la capacité du capitalisme à s'approprier toute la connaissance humaine la possibilité de repousser encore la barrière de l'accumulation, en happant à son profit tous les moments de la vie des individus, dans le travail et hors du travail[24]. Mais cette tentative de soumettre, subsumer et aliéner

24 C'est la thèse du capitalisme dit *cognitif*. Elle est contestée (voir M. Husson, « Sommes-nous entrés dans le "capitalisme cognitif" ? », *Critique communiste*, n° 169-170,

toujours davantage l'être humain et, avec lui, toutes les ressources naturelles est proprement insoutenable. C'est dire combien le projet séculaire de contribuer à réduire l'aliénation du travail par l'utilisation des gains de productivité pour réduire le temps de travail reste actuel, à l'heure d'une crise sociale et d'une crise écologique combinées[25].

Le capitalisme, dans sa phase néolibérale, n'est en définitive pas seulement confronté à son problème classique, celui de faire produire de la valeur par la force de travail et de la réaliser en profit sur le marché. Par sa volonté même de marchandiser toute ressource et toute forme de vie sur la Terre, il se heurte à une frontière. Il ne lui sera pas possible de la repousser au-delà de ce que la biosphère permet. C'est pourquoi la crise écologique nous oblige à renouveler le cadre de l'analyse critique du capitalisme contemporain et de l'alternative à lui opposer : puisque la croissance économique matérielle infinie est impossible, il est impératif de repenser le développement humain.

Et c'est là que se situe la raison d'être de l'altermondialisme : face au projet global, totalitaire de la marchandisation, construire un projet d'émancipation par rapport à toutes les formes de domination et d'aliénation. En imposant un nouvel ordre social au monde, le capitalisme néolibéral a certes renforcé le pouvoir et la richesse de ceux qui possèdent du patrimoine, mais il a sapé dans le même temps la possibilité de pérenniser cette situation. Il revient aux travailleurs – puisque le travail est malmené par le capital –, aux paysans et aux populations pauvres du Sud – dont les capacités d'autosubsistance sont réduites – et aux citoyens – puisque les conditions d'une « bonne vie » ensemble sont détériorées – d'en hâter la sortie.

été-automne 2003, http://hussonet/free.fr ; J.-M. Harribey, « Le cognitivisme, nouvelle société ou impasse théorique et politique ?, *Actuel Marx*, n° 36, septembre 2004, p. 151-180, http://harribey.u-bordeaux4.fr). Mais même l'un de ses théoriciens les plus connus dit que « le "capitalisme cognitif" *est* la crise du capitalisme tout court » ou que « le capitalisme dit cognitif *est* la crise du capitalisme », A. Gorz, *L'Immatériel. Connaissance, valeur et capital*, Galilée, Paris, 2003, p. 47 et 55.

25 Voir notamment Attac, *Le Développement a-t-il un avenir ? op. cit.* ; T. Coutrot, M. Husson (Attac), *Avenue du plein-emploi*, Mille et une nuits, Paris, 2001 ; J.-M. Harribey, *L'Économie économe. Le développement soutenable par la réduction du temps de travail*, L'Harmattan, Paris, 1997.

2 La relation entre finance et production

La crise actuelle est née dans la sphère financière et, manifestement, elle n'y restera pas cantonnée. Ce constat soulève deux questions. Une question d'ordre théorique : comment analyser les rapports entre finance et économie réelle ? Et une question plus pratique : quels sont les canaux de transmission de l'une à l'autre ?

Quelle articulation entre finance et économie réelle ?

Très schématiquement, on peut dire que deux thèses s'opposent sur ce point, selon que l'on considère la finance comme parasitaire ou fonctionnelle. Pour mieux discuter ces deux positions, on peut partir d'un trait essentiel du capitalisme contemporain. Depuis le tournant néolibéral du début des années 1980, le taux de profit s'est considérablement rétabli, mais cela n'a pas conduit à une augmentation du taux d'accumulation. Autrement dit, les profits supplémentaires ont été utilisés à autre chose qu'à l'investissement. Manifestement, le « théorème de Schmidt » énoncé par le chancelier allemand Helmut Schmidt au début des années 1980 (« les profits d'aujourd'hui sont les investissements de demain et les emplois d'après-demain ») n'a pas fonctionné. Ce comportement, inédit dans l'histoire du capitalisme, est établi et souligné par de nombreux analystes, et il constitue un élément clé de notre critique du capitalisme financiarisé.

Une partie croissante des richesses produites est donc captée par les profits bancaires et les dividendes. La première explication de ce phénomène consiste à dire que la finance pompe les profits réalisés par les entreprises du secteur productif. On parle alors d'une finance « parasitaire » ou « prédatrice », dont les exigences de rentabilité iraient croissant et exerceraient une pression toujours plus forte sur la gestion des entreprises et notamment sur l'emploi. Cette interprétation contient une part de vérité, mais elle risque d'exonérer le capitalisme productif. Il y aurait en somme un « bon » capitalisme qui serait empêché de fonctionner correctement par la ponction opérée par la finance. Une telle grille de lecture implique logiquement que l'horizon d'un projet alternatif pourrait se limiter à la régulation du capitalisme : en le soulageant de cette pression financière dont viennent tous les maux, on pourrait lui redonner les moyens de fonctionner normalement.

Cette approche n'est pas satisfaisante, car elle ne peut rendre compte des mutations du capitalisme depuis son entrée dans la phase néolibérale. Les transformations du système financier doivent être analysées à partir de deux tendances essentielles à l'œuvre depuis le début des années 1980. La première est la baisse continue de la part des richesses produites qui revient aux

Figure 1 La part salariale : France, Europe, G7

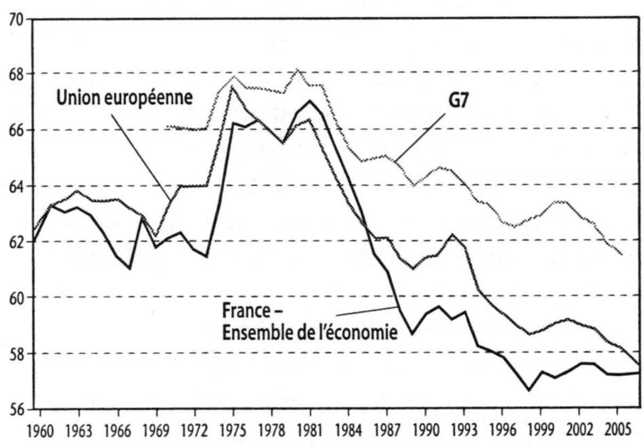

Sources : INSEE (2006), Commission européenne (2007), FMI (2007).

Encadré 1 Les profits augmentent mais pas l'investissement

Le graphique ci-dessous compare les variations en pourcentage du taux de marge (la part du profit dans le PIB) et du taux d'investissement (en proportion du PIB) entre les périodes 2000-2006 et 1980-1990. Voici ce qu'il montre :

– Le taux de marge a augmenté d'une période à l'autre dans tous les pays (sauf l'Islande !).

– L'augmentation du taux de marge a conduit à une moindre augmentation du taux d'investissement, sauf en Islande, en Belgique et en Espagne : tous les autres pays sont en dessous de la diagonale qui correspond à une répercussion proportionnelle du profit vers l'investissement.

– Dans un grand nombre de pays (en bas à droite), le taux d'investissement a même baissé en dépit de l'amélioration du taux de marge. C'est le cas des États-Unis, du Canada, du Japon, de l'Australie, et en Europe de la France, du Royaume-Uni et de l'Italie. L'Allemagne ne figure pas dans le graphique à cause de la réunification, mais elle ne fait pas exception à cette règle sur la période ultérieure.

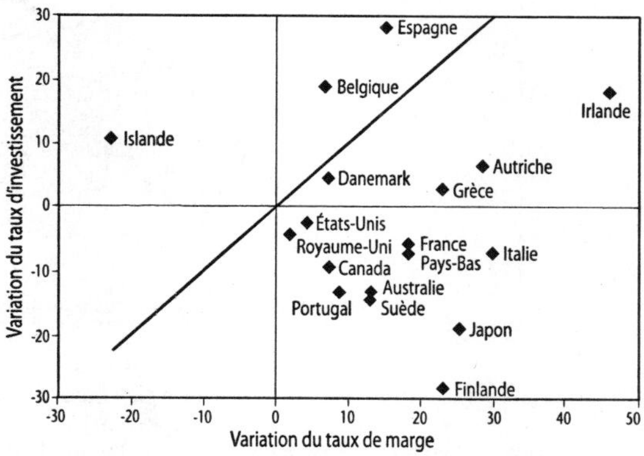

Source : ONU, *World Economic and Social Survey 2008*, figure II.8.

salariés, à peu près partout dans le monde (figure 1). Même le FMI ou la Commission européenne en font aujourd'hui le constat[1].

C'est cette baisse de la part salariale qui a permis un rétablissement spectaculaire du taux de profit à partir du milieu des années 1980. Mais ce surcroît de profit n'a pas été utilisé pour investir plus (voir encadré 1).

1 FMI, *Perspectives de l'économie mondiale*, rapport, avril 2007, p. 184 ; EUROSTAT, *Employement in Europe*, 2007, chapitre 5.

La masse croissante de profits non investis a été principalement distribuée sous forme de revenus financiers, et c'est là que se trouve la source du processus de financiarisation. La différence entre le taux de profit et le taux d'investissement est d'ailleurs un bon indicateur du degré de financiarisation (figure 2). On peut aussi vérifier que la montée du chômage et de la précarité va de pair avec la croissance de la sphère financière. Là encore, la raison est simple : la finance a réussi à capter la majeure partie des gains de productivité au détriment des salariés, en modérant les salaires et en ne réduisant pas suffisamment, voire en augmentant la durée du travail.

Figure 2 Taux de profit et taux d'accumulation. États-Unis + Union européenne + Japon

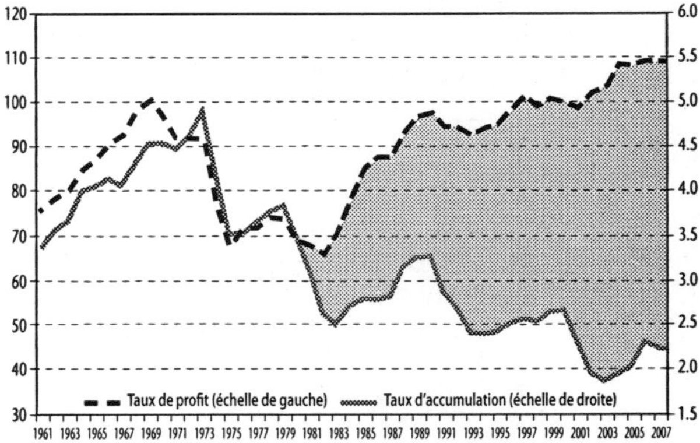

Taux d'accumlation = taux de croissance du volume de capital net.
Taux de profit = profit/capital (base 100 en 2 000).
Source et données des graphiques : http://hussonet.free.fr/toxicap.xls.

Les rapports entre capital productif et capital financier se sont donc profondément modifiés. Mais c'est plutôt dans le sens d'une imbrication croissante : on est passé d'une économie d'endettement, où le crédit bancaire assure le financement des entreprises, à une économie financiarisée, où les entreprises ont développé leurs propres activités financières. L'exigence de la finance d'une rentabilité très élevée vient, par un effet retour, peser sur les conditions de l'exploitation des travailleurs. On ne peut pas pour autant dissocier artificiellement le rôle de la finance et celui du conflit entre capital et travail pour le partage de la valeur ajoutée. Ce n'est pas la montée de la finance qui fait baisser les salaires mais c'est d'abord la montée des profits non investis qui nourrit la finance. Ensuite, s'établit une dialectique perverse entre montée de la finance et pression sur les salaires, notamment par le biais de la désinflation dite « compétitive ».

Si l'on raisonne en termes de circuit économique, on se trouve alors face au problème suivant : la part des salaires baisse et celle de l'investissement stagne. Dans ces conditions, qui va acheter une production qui continue à croître ? La solution à cette difficulté repose sur le recyclage des profits non investis, qui s'effectue à travers la redistribution opérée par la finance.

La financiarisation n'est donc pas un facteur autonome ; elle apparaît comme la contrepartie logique de la baisse de la part salariale et de la raréfaction des occasions d'investissement suffisamment rentables. C'est pourquoi la montée des inégalités sociales (à l'intérieur de chaque pays et entre zones de l'économie mondiale) est un trait constitutif du fonctionnement du capitalisme contemporain.

Cette approche de la finance se renforce avec la prise en compte de la mondialisation. Dans la constitution progressive d'un marché mondial, la finance joue son rôle, qui consiste à abolir, autant que faire se peut, les délimitations des espaces de valorisation. La grande force du capital financier est en effet d'ignorer les frontières géographiques ou sectorielles, parce qu'il s'est donné les moyens de passer très rapidement d'une zone économique à l'autre, d'un secteur à l'autre : les mouvements de capitaux peuvent désormais se déployer à une échelle considérablement élargie. La fonction de la finance est ici de durcir les lois de la concurrence en fluidifiant les déplacements du capital (voir encadré 2).

La configuration actuelle de l'économie mondiale renforce ce mécanisme. Elle est en effet fondamentalement déséquilibrée, puisque le déficit des États-Unis est financé par le reste du monde. Or, ce déséquilibre contribue à créer une masse énorme de liquidités à la recherche de la rentabilité maximale, qui alimentent la finance et ajoutent à son instabilité intrinsèque.

Encadré 2 L'investissement productif baisse, les investissements financiers explosent

Le graphique a l'intérêt de fournir des données portant sur l'économie mondiale. On constate que :

– Le taux d'investissement mondial (en pourcentage du produit mondial brut) fluctuait autour de 25 % dans les années 1970, et fluctue autour de 22 % durant les années récentes.

– Les flux d'investissement à l'étranger représentaient moins de 5 % du PIB mondial jusqu'en 1980. Ils en sont aujourd'hui à plus de 20 %.

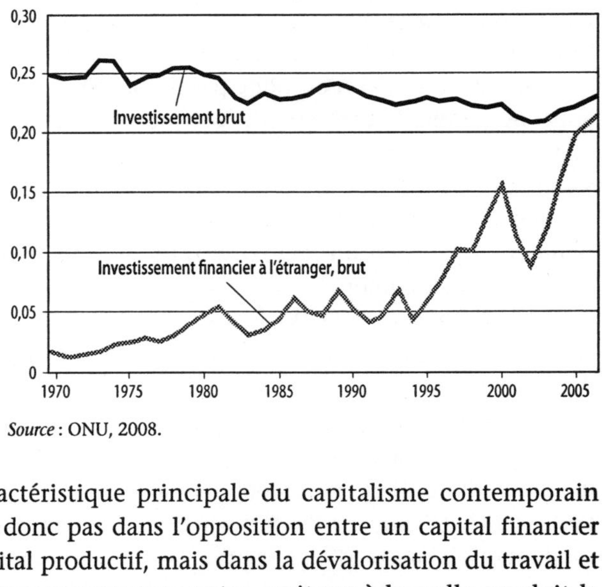

Source : ONU, 2008.

La caractéristique principale du capitalisme contemporain ne réside donc pas dans l'opposition entre un capital financier et un capital productif, mais dans la dévalorisation du travail et dans l'hyper-concurrence entre capitaux à laquelle conduit la financiarisation.

Il faut aller plus loin et se demander pourquoi le capitalisme investit aujourd'hui une proportion moindre de ses profits. On peut encore une fois y voir la pression de la finance, mais celle-ci ne s'exercerait pas avec la même force si le capitalisme disposait de suffisamment d'occasions d'investissements rentables. C'est ici qu'apparaît le caractère systémique de la crise qui se situe à un niveau plus profond, et met en cause les ressorts essentiels de ce mode de production. La source de cette crise est au fond l'écart croissant qui existe entre les besoins sociaux de l'humanité et les critères propres au capitalisme. La demande sociale se porte sur des marchandises qui ne sont pas susceptibles d'être produites avec le maximum de rentabilité. Les gains de productivité autorisés par les nouvelles technologies et l'innovation conduisent à une offre (rentable) qui est de moins en moins en adéquation avec cette demande sociale qui, du coup, n'apparaît pas suffisamment rentable.

Cet écart se creuse selon deux dimensions principales. La première, dans les pays développés, est le déplacement de la demande des biens manufacturés vers des services auxquels sont associés de moindres gains de productivité et donc de moindres perspectives de profit. Aucun débouché n'a pris le relais à une échelle suffisante pour jouer le même rôle que l'industrie automobile durant la phase « fordiste » précédente. Une des conséquences de l'accroissement de la pression de la finance, pointée par le rapport *World Economic and Social Survey 2008*[2], est la demande croissante des entreprises pour les pratiques flexibles d'emploi. Un aspect significatif de la détérioration des conditions du marché du travail est l'augmentation de la part de l'emploi à temps partiel non désiré. Cette option dégradée se voit imposée à un nombre croissant de personnes, jeunes, femmes, seniors, dans les pays développés. Bien que la part de salariés à temps partiel imposé reste faible par rapport à l'ensemble de salariés, son évolution est significative : elle a été multipliée par 3 ou 4 depuis le début des années 1980 (figure 3).

La seconde dimension est géoéconomique et résulte de la mondialisation : celle-ci tend à créer un marché mondial, autrement dit un espace élargi de valorisation. Les moindres niveaux de productivité des secteurs les moins avancés sont directement confrontés à des exigences de rentabilité alignées sur les performances des pays ou des entreprises les plus compétitives. Il en résulte un effet d'éviction qui fait qu'un certain nombre de productions et donc de besoins sociaux qu'elles pourraient

2 Nations unies, *Overcoming Economic Insecurity*, New York, 2008, disponible sur http://www.un.org.

Figure 3 Le travail partiel subi

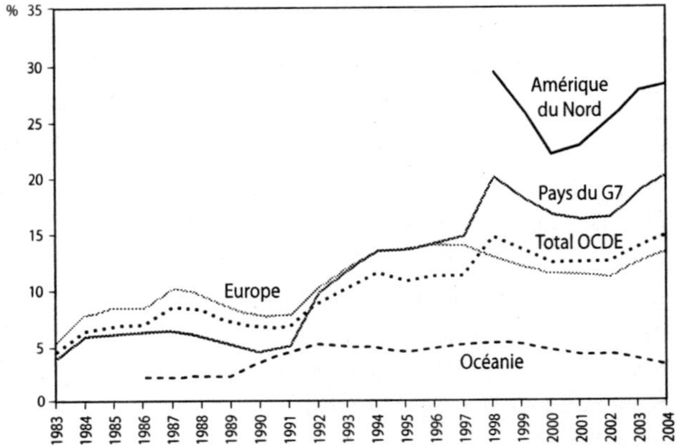

Source : OCDE.

satisfaire ne sont plus éligibles, compte tenu des critères d'hyper-rentabilité auxquels elles se trouvent confrontées.

Dans ces conditions, la reproduction du système passe par un double mouvement, d'extension du domaine de la marchandise et de refus de répondre aux besoins non rentables. Le capitalisme contemporain a donc réuni les conditions qu'il revendique pour un fonctionnement optimal de son point de vue. Plutôt qu'une amélioration du bien-être social, la concurrence pure et parfaite, débarrassée des réglementations, rigidités et autres distorsions, fait apparaître une absence totale de légitimité, puisque la régression sociale est explicitement revendiquée comme la principale condition de réussite du système. Dans ce cadre, la finance n'est pas seulement la contrepartie d'une exploitation accrue des travailleurs, elle est aussi un déversoir pour les capitaux à la recherche de la rentabilité maximale. Les exigences démesurées de rentabilité qu'elle impose à l'économie réelle renforcent à leur tour le faible dynamisme de l'investissement et les inégalités sociales comme condition de reproduction du système.

Quels canaux de transmission ?

En 1987, un krach boursier de grande ampleur avait conduit la plupart des économistes à prévoir un ralentissement brutal de l'économie mondiale. C'est l'inverse qui s'est passé : à partir de 1988, les pays développés ont connu un cycle (court pour l'Europe, plus long pour les États-Unis) de croissance très dynamique. La crise boursière ne s'était donc pas transmise à l'économie réelle et, au contraire, elle avait servi de purge et permis de remettre les compteurs à zéro. C'est après tout une fonction classique des crises que d'apurer les comptes et d'éliminer les canards boiteux. Quelques années plus tard, une crise immobilière et hypothécaire de grande ampleur est venue frapper le Japon, présenté à l'époque comme la puissance montante à l'assaut des marchés mondiaux. Il s'ouvrit alors une décennie de croissance à peu près nulle, dont l'économie japonaise eut du mal à sortir.

La finance est donc plus ou moins autonome selon les lieux et les époques, et il faut se demander aujourd'hui si la crise financière va se communiquer à l'économie réelle. Une première thèse consiste à dire que le ralentissement actuel ne s'explique pas principalement par la crise financière, mais par d'autres facteurs : hausse du prix du pétrole et des matières premières, politiques monétaire et budgétaire, et taux de change trop élevé en Europe, concurrence des pays émergents, etc. En tant que telle, la crise financière concernerait avant tout les États-Unis et aurait relativement peu d'effet sur la conjoncture mondiale. La demande des pays émergents serait là pour prendre le relais des États-Unis, selon la thèse dite du découplage. L'intervention des banques centrales permettrait d'éviter un enchaînement semblable à celui de la grande crise de 1929 et d'étaler dans le temps les pertes des banques. Bref, la sphère financière et la sphère économique seraient relativement compartimentées.

Cette analyse s'appuie sur des réalités indéniables, mais n'en tire pas les conséquences qui vont à l'encontre de son relatif optimisme. Il est vrai que la crise combine plusieurs dimensions, et notamment la hausse du prix du pétrole et des matières premières. Mais, premièrement, ces différents aspects font précisément système et renvoient au fond à une origine commune, qui est l'organisation actuelle de l'économie mondiale. C'est ne rien comprendre à la crise actuelle que de penser qu'on peut la découper en compartiments étanches. Cette simultanéité va au contraire renforcer les effets en retour de la crise financière sur l'activité économique.

Les effets de la crise immobilière et financière se transmettent à l'économie réelle à travers plusieurs canaux :

– Les restrictions sur le crédit concernent aussi bien la consommation des ménages que l'investissement des entreprises. Cet effet sera plus marqué dans les pays comme les États-Unis ou le Royaume-Uni, où la consommation des ménages est tirée par l'endettement.

– La dévaluation du patrimoine financier et immobilier des ménages va les inciter à moins consommer : c'est ce qu'on appelle l'effet de richesse.

– L'incertitude générale pèse sur les comportements de consommation et d'investissement.

– La crise immobilière contribue en tant que telle au ralentissement économique général.

– Les dépenses publiques destinées à nationaliser de fait les institutions en difficulté (comme Freddie Mac et Fannie Mae aux États-Unis) représentent des sommes considérables qui vont nécessiter une réduction des dépenses ou une augmentation des impôts.

– Enfin, le ralentissement se transmet à l'ensemble de l'économie mondiale à travers le commerce et les investissements.

Tous ces mécanismes sont actuellement à l'œuvre et se combinent avec les autres dimensions de la crise (pétrole, etc.) pour étendre ses effets bien au-delà de la sphère financière. Il n'y a pas de cloison étanche entre la finance et l'économie réelle, parce que la finance est une pièce maîtresse du capitalisme néolibéral. Ce qui veut dire aussi que les fondements mêmes de son fonctionnement actuel vont être remis en cause par la crise financière. Prenons le modèle de croissance des États-Unis : il repose sur un double déficit, déficit commercial à l'extérieur et déficit d'épargne à l'intérieur. Dans les deux cas, la finance joue un rôle essentiel dans la gestion de ces déséquilibres : à l'intérieur, c'est elle qui a rendu possible la croissance de l'endettement, notamment sur le marché hypothécaire ; à l'extérieur, elle a pour fonction d'assurer l'équilibre de la balance des paiements. Mais si la finance se dégonfle, ce sont les fondements de ce mode de croissance qui vont être remis en cause : l'endettement des ménages est dorénavant bloqué, et les entrées de capitaux ne sont plus garanties. Par conséquent, la crise financière se traduira par un ralentissement durable de la croissance aux États-Unis, qui se communiquera au reste du monde.

Cette analyse conduit à cette conclusion générale : la réglementation de la finance est un remède nécessaire mais qui ne peut suffire, parce qu'il ne s'attaque pas aux racines du mal. On a vu que la financiarisation se nourrit de la baisse de la part salariale et des déséquilibres de l'économie mondiale. Pour dégonfler la finance, il faudrait donc fermer ces deux robinets qui l'alimentent, ce qui implique une autre répartition des richesses et une autre organisation de l'économie mondiale.

3 Trente ans de néolibéralisme

La crise de l'été 2007 n'est pas un coup de tonnerre dans un ciel serein. Elle constitue la manifestation des contradictions structurelles d'un mode de fonctionnement qui est celui du capitalisme depuis trente ans et qu'on appelle le néolibéralisme. Celui-ci se caractérise, par rapport à l'étape antérieure du capitalisme, par une triple rupture : dans le mode de financement de l'économie (de l'accumulation, de la production) ; dans les modalités de gestion des entreprises ; dans les modalités du rapport salarial.

Les objectifs et méthodes du néolibéralisme

L'étape antérieure, qu'on peut appeler keynésiano-fordiste, est souvent présentée à partir d'une lecture trop rapide des théories de la régulation, comme ayant fonctionné sur la base d'un « compromis » entre capital et travail pour le partage des gains de productivité, notamment en France : le salaire socialisé, les services publics, les conventions collectives, l'échelle mobile des salaires, le SMIC, le statut de la fonction publique, etc. En réalité, ce « compromis » était, tout au plus, dans un contexte de conflictualité sociale élevée, un arrangement, à la fonctionnalité tout à fait instable et temporaire pour le patronat qui a dû céder tout cela dans le contexte d'un rapport de force très favorable au salariat.

Il en est de même de l'organisation du financement de l'économie. Les néolibéraux parlent de « répression de la finance » pour désigner les réglementations et le cloisonnement qui, à partir du *New Deal* aux États-Unis, se sont étendus à l'ensemble des pays industrialisés : distinction entre différentes catégories de banques, cloisonnement entre les systèmes bancaires et les marchés financiers, contrôle international des mouvements de capitaux avec un taux d'inflation élevé et des taux d'intérêt réels nuls, voire négatifs, à certains moments. On eut bien affaire à cette « euthanasie des rentiers » dont parlait Keynes, l'inflation, en effet, défavorisant les créanciers autant qu'elle favorise les débiteurs. L'inflation rampante des « trente glorieuses » constitua donc la résolution d'un conflit latent de répartition, sur deux plans simultanés : entre le capital et le travail : les entreprises, en situation de concurrence monopolistique, pratiquent des politiques de marge et récupèrent par la hausse des prix de détail une grande partie des hausses de salaires nominaux qu'elles doivent consentir ; entre les différentes fractions du capital : comme le fort taux d'investissement des entreprises (de 22 à 25 %) est largement financé par le crédit bancaire, le profit doit être partagé entre dividendes et intérêts.

Le capital financier est donc relativement perdant. Les politiques conjoncturelles d'inspiration keynésienne, sur la base d'un arbitrage inflation/chômage, poursuivent des politiques de soutien de la demande intérieure globale qui accordent la priorité à la croissance et à l'emploi, au détriment de la stabilité monétaire. Si les taux de profit progressent régulièrement jusqu'au milieu des années 1960, c'est en raison de gains de productivité très élevés (de l'ordre de 4,5 à 5 % en moyenne annuelle). Mais, d'une part, le partage de ces profits entre les différentes fractions du capital ne se fait pas à l'avantage du capital financier. D'autre part, le ralentissement des gains de productivité à partir de la décennie 1960 se traduit par une baisse des taux de rentabilité des entreprises.

Le néolibéralisme constitue donc, pour le capital, le dispositif à la fois idéologique et pratique de sa revanche ; celle-ci se prépare pendant toutes ces années dans l'obscurité des *think-tanks* et notamment la Société du Mont Pèlerin où se sont rencontrées les pensées de Friedrich von Hayek, chantre de l'ultralibéralisme depuis les années 1930, et de Milton Friedman, le père du monétarisme. Si leurs théories ne sont guère écoutées à l'époque du keynésianisme triomphant, ils n'en mettent pas moins au point tous les instruments de politique économique qui seront utilisés avec succès à partir des années 1970-1980 : les taux de change flottants ; le décloisonnement des marchés financiers ; la libéralisation internationale des mouvements de capitaux.

Ces transformations visent à modifier en profondeur les rapports de force tant entre capital et travail qu'entre les différentes fractions du capital. À ce titre, le néolibéralisme représente la prise du pouvoir des rentiers, si l'on désigne par rentiers la fraction financière du capital. Il vise en même temps à créer les conditions de la restauration des taux de profit pour l'ensemble du capital.

Le changement de cap des politiques économiques à la fin des années 1970

La fin des années 1970 et le début des années 1980 marquent un tournant dans les politiques économiques menées dans les pays industrialisés à économie de marché, vers la mise en œuvre des objectifs et des instruments du monétarisme comme de l'économie de l'offre[1]. On assiste à une double inversion. Dans l'ordre des priorités, l'objectif n° 1 devient la lutte contre l'inflation, et non plus la croissance et l'emploi. Dans les instruments de politique économique utilisés, cette lutte

1 Le monétarisme est une doctrine considérant qu'il ne sert à rien de pratiquer des politiques économiques favorables à l'activité économique, car trop de monnaie ne peut entraîner que de l'inflation. Il s'ensuit que la politique monétaire doit être enlevée aux pouvoirs politiques et confiée à des banques centrales indépendantes. Cette doctrine, reformulée à notre époque par Milton Friedman, connaît son corollaire avec l'économie dite de l'offre : il est impossible et néfaste de mener des politiques keynésiennes de relance de la demande d'investissement et de consommation, au nom de l'adage « trop d'impôt tue l'impôt ».

contre l'inflation passe exclusivement par le canal de la politique monétaire ; c'est le maniement des taux d'intérêt nominaux par les banques centrales qui est utilisé pour limiter la croissance de la masse monétaire, considérée comme la cause de l'inflation excessive. Ce tournant est rendu officiel lors du sommet du G7 en juillet 1979 à Tôkyô, qui affirme la réorientation des politiques économiques des grandes puissances ; il trouve ses justifications publiques dans le phénomène de la stagflation, c'est-à-dire la coexistence entre un taux de chômage croissant et une forte inflation : de rampante, celle-ci devient galopante, et plus aucune mesure traditionnelle de ralentissement de la conjoncture ne semble capable de la freiner efficacement. Dès lors, ce qui apparaissait comme le fondement des politiques keynésiennes antérieures, à savoir la possibilité d'arbitrer efficacement entre inflation et chômage (et donc de tolérer un certain niveau d'inflation pour assurer le plein-emploi), ne paraît plus d'actualité.

Le premier acte de ce tournant est le « choc monétariste » d'octobre 1979 : Paul Volcker, président de la Fed et adepte des thèses de Milton Friedman, augmente brutalement les taux d'intérêt directeurs, ce qui a pour effet de provoquer un siphonage des liquidités mondiales en direction des États-Unis et une hausse brutale du dollar[2].

Pendant toute la première moitié de la décennie 1980, les gouvernements de Ronald Reagan et de Margaret Thatcher vont faire figure de pionniers dans la mise en œuvre de ces politiques économiques : austérité salariale, défiscalisation massive avec la baisse des tranches les plus élevées de l'impôt sur le revenu et de l'impôt sur les sociétés (diminution équivalente à 1,4 % du PIB aux États-Unis en 1981 et diminution de 86 % à 40 % du taux marginal de l'impôt sur le revenu au Royaume-Uni), restructurations industrielles se traduisant par des milliers de licenciements et la désindustrialisation de régions entières, et répression syndicale frontale : la défaite, après de longues grèves, des mineurs en Grande-Bretagne et des contrôleurs aériens aux États-Unis

2 *Cf.* G. Duménil et D. Lévy, « Le coup de 1979. Le choc de 2000 », *Les Cahiers de critique communiste*, « Mondialisation et impérialisme », avril 2003.

va mettre le mouvement syndical de ces pays sur la défensive pendant des années.

Tous les gouvernements de pays industrialisés emboîtent le pas, même si les modèles sociaux et productifs des différents pays conservent des spécificités marquées. En France, le gouvernement socialiste de Pierre Mauroy est le dernier à s'y rallier en 1983, après avoir tenté une politique de relance keynésienne pendant un an. L'indexation des salaires sur les prix est abandonnée ; plusieurs mesures de déréglementation des marchés du travail sont mises en œuvre (incitation à la création d'emplois précaires et d'emplois à temps partiel qui vont concerner majoritairement les femmes, instauration de la flexibilité du temps de travail) ; des privatisations massives d'entreprises publiques sont ensuite décidées lors du retour de la droite au gouvernement en 1986. De conjoncturelle, cette politique acquiert par sa constance un caractère structurel quelle que soit la majorité. La politique de désinflation compétitive lui confère un caractère systématique : il s'agit d'articuler la lutte contre l'inflation à une restructuration d'ensemble du fonctionnement de l'économie dans le sens d'une augmentation des taux de profit et d'une adaptation de l'appareil productif français à la mise en concurrence généralisée que signifie l'étape de la mondialisation.

La déréglementation financière à partir du milieu de la décennie 1980 constitue un des piliers de cette politique (*cf.* chapitre 5). En donnant la possibilité aux détenteurs de capitaux de placer et de déplacer leur épargne absolument partout où ils le souhaitent dans le monde, elle conditionne les choix de politique économique au « jugement des marchés ». Parallèlement, le pouvoir sans précédent des détenteurs de capitaux dans les entreprises, le « gouvernement des actionnaires », contribue à élever pour celles-ci les normes de la rentabilité jusqu'à des sommets jamais atteints, à déprimer l'investissement productif et à gonfler le chômage[3].

---

3 D. Plihon, *Le Nouveau Capitalisme*, La Découverte, Repères, Paris, 2004.

L'Europe néolibérale se met en place dans les années 1980

Dans ce cadre, l'Europe devient l'un des laboratoires de la mondialisation libérale. Signé en 1986, l'Acte unique européen se donne pour objectif l'achèvement du Marché intérieur en 1992. Cela signifie la transformation de la Communauté économique européenne (CEE), instaurée par le traité de Rome en 1957, en un espace intégré où les marchandises, les capitaux et les services circulent totalement librement (il faut ajouter la libre circulation des personnes, à ceci près que les accords de Schengen transformeront l'Europe en forteresse quasiment fermée aux migrants extra-européens.) L'Acte unique consacre la supériorité du droit communautaire sur le droit national. Il prépare le terrain au traité de Maastricht, signé en 1992, qui prévoit l'instauration d'une monnaie unique européenne et d'une politique monétaire commune, qui seront accompagnées d'un encadrement des politiques budgétaires nationales.

Cette constitution d'une Europe libérale s'effectue à un moment où, au tournant de la décennie, la doctrine qui régit les politiques économiques connaît une évolution. L'objectif est plus que jamais la désinflation (les détenteurs de capitaux ont désormais, grâce aux mesures de déréglementation, tout pouvoir pour en dicter la norme absolue aux banques centrales), mais les moyens préconisés pour y parvenir évoluent. La multiplication des produits financiers et l'effacement des frontières de la masse monétaire rendent en effet de plus en plus difficile la conduite d'une politique monétariste au sens strict, passant par le contrôle des agrégats monétaires et notamment de M3[4]. La « nouvelle macroéconomie classique » disqualifie totalement les politiques de pilotage de la conjoncture économique, pour ne reconnaître d'efficacité qu'aux politiques structurelles, qui modifient le fonctionnement des marchés sur le long terme, c'est-à-dire qui déréglementent et libéralisent. D'où l'accent qui est mis, dans le cadre de la construction de l'Europe libérale, sur la convergence

4 Les banques centrales surveillent l'évolution de la masse monétaire qui circule dans l'économie au moyen d'indicateurs correspondant à un degré de liquidité décroissant : M1 (pièces, billets et dépôts à vue, c'est-à-dire la monnaie liquide par définition), M2 (M1 + placements à vue), M3 (M2 + actifs financiers négociables).

des politiques de l'emploi et des politiques sociales : flexibilité, réformes des systèmes de protection sociale et d'indemnisation du chômage, libéralisation des systèmes de formation. Le rôle des gouvernements doit se borner à garantir la « crédibilité » de la politique monétaire vis-à-vis des marchés financiers : d'où l'indépendance des banques centrales, qui n'ont plus de comptes à rendre aux instances élues démocratiquement, et le corsetage des politiques budgétaires par le Pacte de stabilité, qui interdit définitivement aux gouvernements de tenter la moindre politique de relance de la croissance et de l'emploi. C'est dans cette optique que la Banque centrale européenne pratique obstinément, même dans un contexte de faible inflation comme ce fut le cas jusqu'en 2006, des politiques de taux d'intérêt élevés.

Le consensus de Washington et la généralisation des politiques néolibérales dans les pays en développement à partir des années 1990

Dans les pays du Sud, la croissance du PIB a été en général très rapide jusqu'au début des années 1980. Fondée sur des stratégies d'industrialisation par substitution aux importations, orientée vers le marché intérieur, elle a été également génératrice d'un fort endettement extérieur. Appâtées par des espoirs de profits considérables, les banques occidentales se bousculent pour consentir des prêts, à un moment où le recyclage des pétrodollars nourrit le gonflement des liquidités internationales. Dans un contexte de forte inflation, les taux d'intérêt réels sont très faibles.

Après le choc monétariste de 1979, sous l'effet également du ralentissement de l'inflation dans les pays industrialisés, les taux d'intérêt réels augmentent de 20 % entre 1978-1979 et 1980-1981. Au même moment, la diminution des cours des matières premières fait chuter les recettes d'exportation des économies non pétrolières. Les pays débiteurs se voient désormais dans l'impossibilité de rembourser leur dette. En août 1982, le président mexicain Lopez Portillo déclare un moratoire de quatre mois du paiement du service de la dette.

C'est le début de la crise de la dette avec, pour les banques créditrices, la menace d'un effondrement en chaîne de leur bilan qu'entraînerait un moratoire de la dette des pays débiteurs les plus importants. Des plans de rééchelonnement, puis de refinancement visant à garantir la continuité du paiement du service de la dette sont donc mis en place. Au cours des années 1980 et 1990, les flux financiers entre le Sud et le Nord s'inversent : les prêts en direction des pays endettés du Sud cessent presque totalement, tandis que le paiement régulier du service de la dette fait dire que « le tiers-monde finance les pays riches ». Cela n'empêche pas une augmentation continue de la dette, en raison d'un « effet boule de neige » dû à la charge d'intérêts.

Les politiques d'ajustement structurel (PAS) sont d'abord des mesures conjoncturelles destinées à rétablir la solvabilité des économies endettées. Une fois passée l'urgence, elles acquièrent une dimension structurelle. Cette action s'appuie sur un corpus doctrinal libéral mis en avant par le Fonds monétaire international et la Banque mondiale, que l'expression « consensus de Washington », formulée par l'économiste américain John Williamson, a servi couramment à caractériser. Ce corpus, fondé sur le triptyque libéralisation-privatisation-stabilisation, contredit point par point les objectifs et les instruments mis en avant par les stratégies de développement antérieures : rôle central de l'État, priorité à l'industrialisation, développement autocentré et orienté vers le marché intérieur.

Même si ce processus ne s'apparente pas à un rouleau compresseur (plusieurs pays d'Asie de l'Est gardent des politiques industrielles fondées sur une intervention importante des États), les institutions internationales cherchent à appliquer ces politiques nouvelles de manière homogène, sans considération de la spécificité des appareils productifs, des relations sociales ou des modalités d'insertion dans le marché mondial des différents pays. Il s'agit bien de ce que Marie-France L'Hériteau et Christian Chavagneux considèrent comme « une entreprise de normalisation des structures économiques et sociales des différents pays de façon à les rendre conformes aux impératifs de fonctionnement de l'économie mondiale[5] ».

---

5 M.-F. L'Hériteau, avec la collaboration de C. Chavagneux, *Le Fonds monétaire international et les pays du tiers-monde*, PUF, Paris, 1990.

La première étape des PAS a pour objectif le rétablissement des équilibres économique, commercial et budgétaire du pays. Elles cherchent à promouvoir les exportations par la dévaluation de la monnaie, et à comprimer la demande intérieure et la masse monétaire par des saignées dans toutes les dépenses publiques : licenciements dans la fonction publique, coupures dans les dépenses sociales (éducation, santé) et d'infrastructures, dans les subventions aux biens de consommation, gel des salaires dans la fonction publique. Enfin, la création monétaire est limitée par l'augmentation des taux d'intérêt. Le passage à la restructuration des économies se fait notamment par le biais de la libéralisation des prix et l'élimination de toutes les protections et subventions, qu'elles soient externes ou internes.

L'ajustement structurel a eu des conséquences sociales dramatiques : épidémies, augmentation de la malnutrition, de la mortalité maternelle et infantile, freins à la scolarisation, notamment des filles, résurgence de l'analphabétisme, et les plus pauvres sont les plus touchés. L'instabilité politique, institutionnelle et sociale inspire des inquiétudes aux gouvernements et aux organisations internationales. Par ailleurs, on aboutit au constat que le marché ne peut pas tout et que la libéralisation, particulièrement dans les économies en développement, est loin d'être une garantie de croissance durable et stable. C'est ainsi qu'à partir du milieu des années 1990, des questionnements au sein des institutions internationales contribuent à la formulation d'un « nouveau consensus de Washington », à la fois en rupture et en continuité avec l'étape précédente. La nouvelle doctrine se donne donc pour programme de réintroduire l'État dans le jeu économique, d'une façon strictement limitée aux domaines autorisés par les « défaillances du marché », tels que certains segments des infrastructures, de l'éducation, de la santé... Les politiques sociales sont ciblées en direction des plus pauvres, et renvoyées au marché pour les autres.

La notion de capacité institutionnelle des États et de « bonne gouvernance » prend également une grande importance : lutte contre la corruption, renforcement des droits de propriété, agencement dans la transparence des activités déléguées au privé : cette intervention minimale de l'État, en particulier dans le domaine social, justifie la mise en avant de thématiques telles que le recours à la « société civile » et au « développement participatif », qui font partie de la nouvelle philosophie de l'ajustement structurel, dont l'utilité est de légitimer le retrait de l'État d'un certain nombre de services. Les associations populaires ou les ONG qui assument ces fonctions (éducation, santé, garde d'enfants, cantines...) se trouvent ainsi encadrées en assurant la paix sociale. Tous ces éléments nourrissent la nouvelle conception, désormais multidimensionnelle, de la pauvreté, finalisée par la Banque mondiale dans son rapport 2001. Elle reprend à son compte la notion d'*empowerment*[6], mise en avant par Amartya Sen, qui est surtout ici employée dans le sens d'accès des plus pauvres aux opportunités du marché !

Une deuxième étape des stratégies d'ajustement structurel intervient donc au début de la décennie 1990. Il s'agit d'un ensemble d'inflexions dans les instruments des politiques macroéconomiques, couplées avec un approfondissement de la libéralisation et de la privatisation de l'appareil productif et des infrastructures, et de réformes des politiques sociales.

À court terme, sont mises en œuvre des politiques anti-inflationnistes utilisant l'instrument de l'ancrage de la monnaie nationale au taux de change nominal du dollar, se traduisant par une surévaluation du taux de change et s'accompagnant d'une politique monétaire restrictive de taux d'intérêt élevés ; à moyen et long termes, des stratégies d'ouverture commerciale et de libéralisation des mouvements de capitaux, investissements directs à l'étranger (IDE) ou placements financiers. Si ces mesures créent les conditions d'une reprise de la croissance dans plusieurs pays au cours de la décennie 1990, elles vont également creuser des contradictions qui aboutissent aux violentes crises de change et bancaires (qualifiées de « crises jumelles ») que plusieurs pays dits « émergents » ont connues au cours de la décennie (Mexique 1994, Thaïlande 1997, Brésil 1999, Argentine 2001).

---

6 Parfois traduit en français par « autonomisation », le terme désigne la prise en charge de l'individu par lui-même de sa destinée économique, professionnelle, familiale et sociale.

Une redistribution de la valeur ajoutée et des profits en direction des détenteurs du capital financier et des très hauts salaires

Cette réorientation de fond des politiques économiques, conjoncturelles et structurelles, atteint assez rapidement son objectif ; dès 1983, les taux de profit des entreprises recommencent à augmenter, rapidement, dans tous les pays industrialisés (*cf.* figure 2, chapitre 2), tandis que la part des salaires dans la valeur ajoutée diminue. Il s'agit ici de l'ensemble de la masse salariale (c'est-à-dire le produit du salaire et des cotisations sociales par le nombre d'emplois salariés) ; aussi les composantes de cette évolution sont-elles multiples (même si elles peuvent présenter des physionomies différentes selon les pays, les systèmes sociaux et les modes de fonctionnement du marché du travail) : décrochage du salaire direct par rapport aux gains de productivité, alors même que ceux-ci restent beaucoup plus faibles, quasiment de moitié, que pendant les « trente glorieuses » ; augmentation du chômage et d'un sous-emploi chronique favorisé par l'extension de la précarité et du temps partiel ; recul du salaire socialisé en raison des politiques d'exonération des cotisations sociales et des réformes successives de la protection sociale.

La conséquence est, dans tous les pays industrialisés, une reprise à partir des années 1980 de l'augmentation des inégalités de revenus, alors qu'elles avaient continûment diminué depuis la première moitié du XXe siècle. Cette évolution est certes imputable aux politiques de défiscalisation qui se sont poursuivies partout depuis trente ans, mais il faut y voir d'abord un changement structurel dans les mécanismes de répartition primaire des revenus : envolée continue des profits et maintien de la part des salaires à son étiage bas ; augmentation des revenus du patrimoine et des revenus non salariaux beaucoup plus rapide que celle des salaires ; réouverture de l'éventail des salaires eux-mêmes. Ce dernier phénomène, prédominant depuis longtemps dans les pays anglo-saxons, est apparu en France au début des années 2000, avec l'envolée des très hauts salaires dont atteste l'étude de Camille Landais[7], composante importante de l'explosion des revenus du centile le plus élevé (une partie de l'encadrement des entreprises ayant par ailleurs été « achetée » par la distribution croissante de produits financiers et de stock-options) ; et, en contrepartie, augmentation de la pauvreté, notamment de la pauvreté laborieuse.

Comme on l'a vu dans le chapitre 2, c'est le décalage qui s'instaure alors entre l'envolée des profits et l'investissement productif des entreprises qui nourrit la financiarisation.

Désormais, toutes les politiques structurelles et les contre-réformes libérales qui sont menées ne peuvent se comprendre qu'à l'aune du caractère considéré comme intangible de ce partage de la valeur ajoutée. Pour ne prendre que deux exemples, en France la contre-réforme des retraites en 2003 a été présentée comme rendue nécessaire par l'évolution de la démographie et du rapport actifs/inactifs, alors qu'elle renvoie en réalité au partage salaires/profits : la seule mesure qui n'ait pas été envisagée est l'augmentation des cotisations sociales patronales qui, toutes choses égales par ailleurs, aurait signifié une augmentation de la masse salariale.

La réduction du temps de travail dans le cadre des lois Aubry s'est faite à coûts constants pour le patronat, alors qu'historiquement la diminution de la durée du travail est une des modalités par lesquelles le salariat récupère une partie des gains de productivité. Raison pour laquelle elle n'a contribué à créer que 360 000 emplois, bien moins que ce qui aurait été possible.

Mais c'est aux États-Unis, économie dominante, que la fuite en avant néolibérale prendra un visage particulier et entraînera le monde dans une crise sans précédent depuis près de quatre-vingts ans.

---

7 C. Landais, *Les Hauts Revenus en France (1998-2006) : Une explosion des inégalités ?*, École d'économie de Paris, juin 2007.

4 Les États-Unis d'Amérique ou la fuite en avant

L'instabilité accompagne le capitalisme, les crises scandent sa marche, les chutes violentes succèdent aux progressions éclatantes. Pendant longtemps, cependant, le système a baigné dans un environnement de paysannerie, d'artisanat ou de petit commerce qui a atténué la portée de ses fluctuations. Mais la petite production est battue en brèche et la prépondérance des deux seuls pôles extrêmes du salariat et des sociétés par actions crée des conditions favorables au déferlement des vagues dépressives. C'est ainsi que la grande crise américaine de 1929 a pu être interprétée comme celle du passage brutal d'un monde de petits producteurs à celui du salariat.

L'endettement : un modèle en échec

Instaurée dans l'après-guerre, la régulation fordiste tente de répondre à ce nouvel état des choses, où qui dit consommateur dit salarié. Il s'agit, pour éviter la transformation d'une défaillance passagère en dépression, de soutenir la demande globale le temps que l'activité reparte. Ce qui passe par un rôle accru de l'État, par l'affirmation d'un nouveau rapport salarial et par une place grandissante des transferts sociaux dans le revenu disponible des ménages. Gênant, le fordisme a été accepté par les capitalistes tant que les taux de profit étaient élevés. Mais ces taux commencent à baisser à partir de la moitié des années 1960 et atteignent leur plus bas niveau au début des années 1980. Du coup, les garde-fous installés après 1929 sont jetés par-dessus bord.

Détruire le fordisme ne revient cependant pas à détruire la réalité qui lui a donné naissance. Dans les pays développés, la population active est désormais massivement salariée. Il faut une réponse à cette situation, assurer le maintien d'une demande globale, même dans des circonstances adverses. Il faut donc un autre modèle qui remplace, même mal, le fordisme défunt. Or, l'État a été confiné, les secteurs publics et nationalisés démantelés. Les transferts en faveur des ménages existent toujours, mais, de plus en plus limités, ils sont insuffisants. La révolution conservatrice s'oppose farouchement à la reconstitution du rapport salarial fordiste. Il ne reste plus qu'une porte de sortie : pousser à toute force les dépenses des ménages vers le haut avec de moins en moins d'épargne, de plus en plus de dettes. En effet, à revenu constant, la baisse du taux d'épargne des ménages accroît la consommation sans bourse délier ; quant à la montée du taux d'endettement, elle permet d'augmenter la dépense de ces ménages (en particulier d'achats de logements) sans hausse des salaires.

Figure 1 États-Unis. Taux d'épargne des ménages (épargne des ménages en pourcentage de leur revenu disponible)

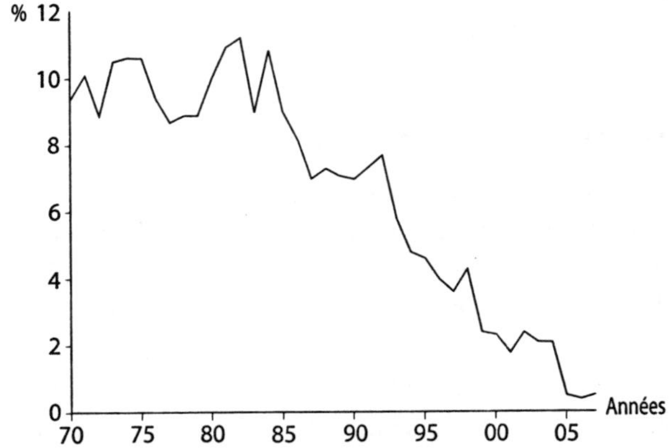

Source : BEA.

Le surendettement de ménages mis en régime de surconsommation remplace aux États-Unis le pacte social keynésien. Ce pacte pouvait, par tâtonnements, trouver un point d'équilibre. Le nouveau modèle, en revanche, est explosif. La chute du taux d'épargne des ménages a pour contrepartie inévitable le financement de l'économie américaine par l'étranger ; la hausse continue du taux d'endettement de ces ménages n'est qu'une fuite en avant qui doit tôt ou tard déboucher sur une crise de surendettement. Ainsi, les échéances sont-elles repoussées, mais au prix de l'aggravation des déséquilibres. Ceux-ci apparaissent sur trois graphiques représentant respectivement l'effondrement du taux d'épargne des ménages, l'envolée conjointe de leur taux d'endettement ou encore du déficit (rapporté au PIB) de la balance des transactions courantes. Un coup d'œil sur les trois graphiques montre que les grands déséquilibres de l'économie américaine ont tous commencé à se manifester simultanément, au cours de la première moitié des années 1980. Ce qui laisse entendre que le nouveau modèle s'est mis en place au moment même où l'ancien était détruit.

Figure 2 États-Unis. Taux d'endettement des ménages (endettement des ménages en pourcentage de leur revenu disponible)

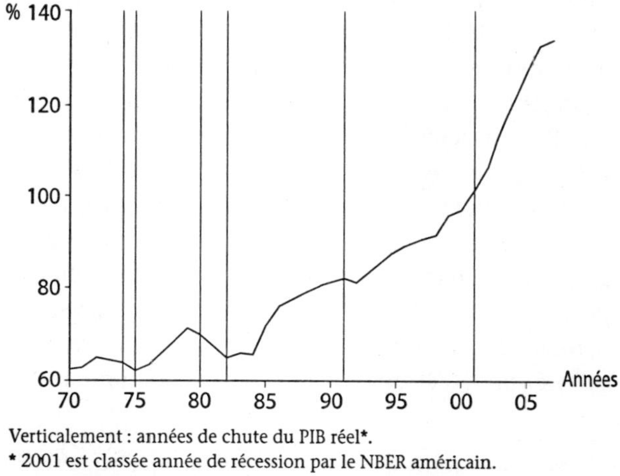

Verticalement : années de chute du PIB réel*.

* 2001 est classée année de récession par le NBER américain.

Source : BEA et Federal Reserve Board.

Un trait saillant de ce nouveau modèle est la progressive disparition de l'épargne des ménages, une extinction que celle des entreprises ne saurait suffire à compenser. Si, aux États-Unis, l'épargne intérieure nette couvrait pratiquement en 1970 l'intégralité de l'investissement intérieur net[1], ce n'est plus tout à fait le cas en 1980 (87 % sont alors couverts) et encore moins en 2000 (il ne s'agit plus que de 68 %). Des pourcentages qui demeurent pourtant substantiels. Au contraire, après 2000, l'évolution est très rapide, puisqu'en 2007 l'épargne intérieure nette couvre à peine plus du quart de l'investissement net des États-Unis. D'ailleurs, au deuxième trimestre 2008, cette épargne nette est négative (pour un montant de 133,6 milliards de dollars), ce qui veut dire que l'épargne brute intérieure, tous secteurs confondus, ne suffit même plus à compenser l'usure du capital fixe existant.

Le nouveau modèle donne l'illusion qu'on peut gouverner l'économie par le seul maniement des taux d'intérêt. En principe, en effet, la hausse de ces taux devrait, si nécessaire, pousser les ménages à accroître leur épargne et à réduire leur endettement. Mais ce n'est guère le cas, le système emprunte la plus forte pente : il pousse dans le sens de l'argent facile, des taux d'intérêt bas, du robinet du crédit ouvert à fond. Il n'a fallu qu'un an, du début à la fin de 2001, pour que le taux auquel la Fed accepte de refinancer les banques passe de 6 % à 1,25 %. En juin 2003, le taux en question a été fixé à 2 %, niveau auquel il est resté pendant un an. À partir de 2004, le taux remonte brutalement. Et, en seulement sept mois, de septembre 2007 au 30 avril 2008, il a été précipitamment ramené de 5,25 % à 2,25 %, pour être réduit à 0 % en décembre 2008.

Tout se passe comme si l'économie américaine tendait désormais en toutes circonstances à revenir, comme par un effet de gravitation, dans la zone des taux d'intérêt bas et même, si possible, dans celle des taux d'intérêt réels négatifs (c'est-à-dire compte tenu de l'inflation), ce qui est le cas avec les 1 % et 2 % qui viennent d'être évoqués. Dès lors, suralimentée en liquidités,

---

1 Épargne nette et investissement net se déduisent respectivement de l'épargne brute et de l'investissement brut par soustraction de la consommation de capital fixe.

l'économie navigue de bulle en bulle. Une bulle prépare la suivante, un bulle colmate (provisoirement) les effets de la précédente. On n'a pu faire face aux effets de la première bulle, boursière, qu'en se lançant tête baissée dans une deuxième bulle, immobilière, passant de la bulle « Internet » à l'immobilière, puis de celle-ci à celle des matières premières.

Cependant, comment expliquer qu'on en soit venu à une épargne des ménages américains pratiquement nulle, ce qui n'a jamais pu être observé dans le passé ? Comment expliquer que la consommation de ces ménages batte tous les records, représentant 70 % du PIB (le pourcentage correspondant est de 55 % en France) ? C'est qu'aux États-Unis la consommation a, jusqu'à un certain point, changé de nature : elle s'est, en partie, financiarisée. Elle ne dépend plus simplement du revenu courant des ménages ; elle dépend *aussi* de l'état et de la valorisation de leur patrimoine (ce qu'on appelle l'effet richesse[2]). D'abord, la facilitation de l'endettement par tous les moyens a réduit la nécessité d'un effort d'épargne. Ceci d'autant plus que tout a été fait pour rendre le plus liquides possible les marchés d'actifs, la Bourse bien sûr, mais aussi l'immobilier, car détenir des actifs, bien qu'eux-mêmes non liquides, est devenu une source de liquidités quasi immédiate par le biais de l'endettement. Ensuite, la fonction d'épargne a été dévolue aux gains purement virtuels de la Bourse ou de l'immobilier : on a donc pu consommer sans trop de soucier de « mettre de l'argent de côté ». Les ménages américains se sont habitués au plaisir de consommer la quasi-intégralité de leur revenu tout en se rassurant au spectacle de la valorisation continue de leur patrimoine. L'évolution ainsi résumée a sans doute joué à fond pour les catégories les plus aisées, ce qui peut contribuer à expliquer pourquoi la déformation de la répartition des revenus en leur faveur s'est accompagnée d'une forte chute de leur taux d'épargne. On peut trouver dans cette orgie de consommation ostentatoire des riches une raison supplémentaire de s'interroger sur

2 Dean M. Maki and Michael G. Palumbo, « Disentangling the wealth effect : A cohort analysis of household saving in the 1990s », Federal Reserve System, *Finance and Economics Discussion Series*, n° 2001-21, disponible sur federalreserve. gov.

la dimension civilisationnelle de la crise globale amenée par le capitalisme[3].

Dans cette mécanique, il n'y a pas de retour en arrière, un « effet crémaillère » est à l'œuvre. Quand la conjoncture est mauvaise, le taux d'épargne des ménages, laissés à eux-mêmes, devrait remonter (épargne de précaution, désir « d'être liquide ») et le taux d'endettement baisser (annulation des mauvaises créances, refus des banques de renouveler les prêts ou d'en accorder de nouveaux). La baisse agressive des taux d'intérêt alors pratiquée par la Fed pour éviter le krach empêche cet ajustement : en ce qui concerne l'endettement, cette baisse en favorise au contraire l'essor ; en ce qui concerne l'épargne des ménages, elle la dissuade et, en entretenant les bulles, donne le sentiment qu'en valorisant son patrimoine, on peut épargner sans se priver de consommer. Ensuite, quand la conjoncture s'améliore, il est très difficile de convaincre les ménages qu'il faut épargner (c'est-à-dire se serrer la ceinture justement quand tout va mieux) ou réduire l'endettement (c'est-à-dire renvoyer ses projets à plus tard, à quand ça ira mal). L'ajustement, qui devrait se faire lors des basses eaux conjoncturelles, est refusé et toute la machine repart dans une nouvelle fuite en avant.

Le cumul des déficits

Compenser le déficit d'épargne intérieure et alimenter la boulimie consommatrice exigent cependant du reste du monde un apport constamment renouvelé de sommes énormes, atteignant en 2007 plus de 5 % du PIB américain. En 2001, les États-Unis avaient déjà absorbé à eux seuls près de 80 % de l'épargne mondiale[4] ! Aux déséquilibres internes, on rajoute donc l'externe. Mais il s'agit d'une déduction et non d'une simple addition. Le déficit extérieur américain résulte moins, à l'évidence, de la compétitivité des produits exportés par les pays émergents (dont la Chine) que des effets sur les rapports avec

3 Voir Hervé Kempf, *Comment les riches détruisent la planète*, Seuil, Paris, 2007.

4 *Le Monde*, 18 mars 2005. Banque de France, Rapport du Conseil national du crédit et du titre, 2001, p. 26.

l'étranger du modèle intérieur : celui-ci annule l'épargne pour consommer, accumule des dettes pour dépenser, et doit, dès lors, faire appel à l'épargne du monde entier.

Figure 3 États-Unis. Solde de la balance des transactions courantes (en pourcentage du PIB)

Source : BEA.

Pour couvrir ces déficits, les États-Unis s'appuient sur une survivance de leur toute-puissance passée : le statut de monnaie internationale du dollar, accepté de ce fait partout. Mais cela ne suffit pas à expliquer la bonne volonté du reste du monde, qui stocke jour après jour les créances sur le géant américain. Nombre de pays asiatiques mettent la main à la poche, en achetant massivement des bons du trésor de l'oncle Sam. Ce qui se comprend aisément : l'économie américaine tire l'économie mondiale et, de ce fait, celle des grands pays émergents. « Je te prête, tu me tires » : la santé de l'économie mondiale dépend de celle des États-Unis qui, à son tour, dépend de la capaoité de ce pays à continuer à recevoir des capitaux de ceux-là mêmes qui sont sous sa dépendance économique. On le voit : le modèle américain a un versant intérieur, mais également un versant extérieur, qui repose sur un pacte implicite passé entre le capitalisme américain et les zones émergentes de la sphère mondialisée. Si c'est le modèle intérieur américain qui rend le déficit de la balance des transactions courantes nécessaire, c'est cette alliance qui le rend possible. L'ensemble fonctionne en boucle, et, dans ce circuit, la lecture de l'équilibre économique mondial est aussi, par le même mouvement, une lecture de son équilibre politique.

C'est là une situation sans précédent historique. Sur la période 1900-1914, le Royaume-Uni, économie dominante, était engagé sur la pente du déclin : sa balance des transactions courantes était pourtant systématiquement excédentaire. Dans ce cas, puissances politique et militaire allaient de pair avec la puissance économique, et en particulier avec la capacité à alimenter en capitaux le reste du monde (balances sterling excédentaires). Dans le cas des États-Unis actuels, les puissances politique et militaire sont premières, et elles contribuent à soutenir une puissance économique aux fondations fragilisées. Il ne s'agit pas là simplement d'une fissure dans le dispositif américain : la pyramide est inversée, les choses marchent sur la tête.

Le nouveau modèle ne se limite pas aux seuls États-Unis. Il s'est étendu au Royaume-Uni, qui présente un tableau fort proche de l'américain par bien des aspects. Une bulle immobilière a éclaté en Grande-Bretagne, mais également en Espagne, comme aux États-Unis. De façon plus générale, nous retrouvons en Europe la dégradation de la part des salaires dans la valeur ajoutée et, en parallèle, la montée du taux d'endettement des ménages. La comparaison, cependant, ne peut être poussée trop loin : reposant sur d'importants déficits extérieurs constamment reconduits, le modèle américain est hors de portée de la plupart des pays. Il s'ensuit que ce n'est pas par la généralisation d'un tel modèle que la fonction de stabilisation de l'économie mondiale a pu être assurée après les années 1980. Cette fonction a été de fait déléguée aux États-Unis par les autres grandes puissances capitalistes et par les principaux pays émergents : à la première économie mondiale de jouer le rôle de locomotive et de garder l'ensemble du convoi sur les rails.

C'est ce que les États-Unis tentent de faire, face à la montée des périls actuels, puisqu'un plan de relance est déjà à l'œuvre. Par des remises d'impôts il fournit aux ménages près de 200 milliards de dollars, mais il aggrave ce faisant un déficit public qui atteignait déjà les 7 % du PIB en 2008. Le gouvernement espère que les ménages consacreront ce revenu additionnel à la consommation, mais les remises d'impôt ne sont elles-mêmes rendues possibles que par l'endettement croissant de l'État fédéral, lui-même traduit en endettement croissant des États-Unis. Ainsi, quand l'endettement privé a atteint ses limites, c'est l'endettement public qui prend le relais, on ne sort pas de l'univers de la dette.

Les États-Unis étaient créanciers nets du reste du monde depuis la fin de la Première Guerre mondiale : ils en sont devenus les premiers débiteurs, le basculement s'opérant au cours de la deuxième moitié des années 1980[5]. Un endettement qui pèse de plus en plus lourd sur leur balance des transactions courantes. En 1970, il n'aurait fallu consacrer que 8 % des recettes fournies par les exportations de biens et services pour couvrir les intérêts versés au reste du monde, et seulement 12 % en 1980. Mais, dès 1990, ce pourcentage s'élève au quart et dépasse le tiers en 2007. De la même façon, les revenus du capital versés au reste du monde ne représentaient, en 1970, que la moitié de ceux reçus en sens inverse par les États-Unis. En 2007, la part s'élève à 87 % : le moment n'est pas loin où, sous la pression de l'endettement croissant, la balance des revenus du capital sera déficitaire, comme l'est déjà, depuis longtemps, celle du commerce. Encore faut-il préciser que la balance des revenus du capital comprend les revenus (réinvestis sur place) des investissements directs réalisés par les États-Unis à l'étranger ou, en sens inverse, par le reste du monde aux États-Unis. Si nous nous en tenons à la seule somme intérêts + dividendes, l'évolution apparaît plus tranchée : en 1980, les intérêts et dividendes reçus sont encore nettement supérieurs à ceux versés par les États-Unis ; en 1990, il y a à peu près égalité ; en 2007, ce sont les intérêts et dividendes versés qui sont supérieurs aux reçus, les premiers s'élevant à 680,4 milliards de dollars, les seconds à 562,8. Un basculement dû, pour l'essentiel, au comportement des intérêts, c'est-à-dire à l'alourdissement de l'endettement : en 1980, il y avait pratiquement égalité entre les intérêts versés et les reçus ; en 2007, les premiers sont bien plus élevés que les seconds, de 67 %.

---

5 J.-S. Mésonnier, « Le financement du déficit courant américain : une mise en perspective », *in* Banque de France, Rapport du Conseil national du crédit et du titre, 1999, p. 56.

La suprématie du dollar : une arme émoussée ?

On comprend, dans ces conditions, l'ampleur du mouvement de dépréciation qui emporte périodiquement le dollar. Ce mouvement est dû aux politiques divergentes mises en œuvre par les banques centrales, celle de la Fed privilégiant la lutte contre la récession, celle de la BCE mettant au contraire au premier plan le risque inflationniste. D'où résulte une meilleure rémunération des capitaux dans la zone euro, qui amène à abandonner le dollar pour la nouvelle monnaie européenne. Mais il est clair que le déficit abyssal des comptes extérieurs américains et la dette des États-Unis gonflant jour après jour jouent leur rôle dans cette spirale baissière.

Même si l'euro est encore loin d'avoir pu détrôner le dollar, sa présence entraîne un changement d'ampleur, car il y a désormais une monnaie internationale de substitution. Rappelons que la chute de la livre sterling, en septembre 1931, avait marqué la deuxième phase de la grande crise, la plus sévère. La livre avait été alors d'autant plus facilement abandonnée qu'il y avait une nouvelle monnaie internationale (le dollar) pour commercer, financer des opérations, stocker des réserves. Il n'est pas impossible qu'aujourd'hui les choses se déroulent de la même façon, l'euro se substituant, au moins en partie, au dollar en cas de crise sévère de ce dernier. Or, un krach du dollar peut se produire si les opérateurs se persuadent que la chute du billet vert va aller s'accélérant. En dévalorisant les actifs en dollars détenus par les étrangers, une telle dépréciation pourrait pousser ceux-ci à s'en défaire brutalement. Il pourrait s'ensuivre un violent krach boursier (par vente massive de titres pour se dégager du marché américain), une hausse des taux d'intérêt (par non-couverture du besoin de financement des États-Unis) et enfin une compression particulièrement dangereuse de la demande intérieure (sous l'effet des deux phénomènes précédents sur l'investissement et la consommation). Des perspectives peu réjouissantes, qui, se rajoutant à bien d'autres, ne peuvent qu'accroître l'inquiétude. Les méfaits du modèle mis en place au début des années 1980 sont décidément légion. Il est certainement temps de changer d'horizon.

5 Les crises néolibérales dans les pays du centre et de la périphérie du capitalisme

L'avènement de la mondialisation néolibérale s'est traduit par une accélération des crises financières et par leur généralisation à la plupart des pays de la planète, appartenant au centre et à la périphérie. Ainsi, l'économie mondiale a été secouée par plus de dix crises financières depuis le début des années 1980, comme l'illustre le tableau 1.

Ces crises financières ont frappé alternativement les pays du centre, c'est-à-dire les pays de la Triade (États-Unis, Europe, Japon), mais également les pays de la périphérie (pays en développement). On constate en particulier – et ce n'est pas un hasard – que les crises ont plus particulièrement touché la catégorie des pays affublés de la qualification contestable de pays « émergents », c'est-à-dire nouvellement ouverts à la finance internationale libéralisée.

Les crises financières récentes ont pris des formes différentes : crises boursières, crises immobilières, crises bancaires et/ou crises de change. Mais cette diversité apparente des crises ne doit pas occulter le fait que celles-ci ont une cause commune : la mise en œuvre des politiques néolibérales depuis les années 1980, avec la libéralisation des systèmes financiers nationaux et des mouvements internationaux de capitaux. L'existence d'une relation directe entre les politiques de libéralisation financière et l'accélération des crises est reconnue par la plupart des économistes,

Tableau 1 Multiplication des crises financières dans la période néolibérale

Années de crise	Pays affectés	Nature de la crise
Années 1980	Pays en développement	Crise de la dette souveraine
1987	Pays du centre	Krach boursier
1988	États-Unis	Caisses d'épargne
Années 1990	Japon	Crise immobilière – boursière – bancaire
1992-1993	Pays européens	Crise de change (effondrement du SME)
1994-1995	Mexique	Crise jumelle de la dette souveraine
1997-1998	Pays « émergents » : asiatiques et Russie	Crises jumelles : banque et taux de change
2000	Pays du centre	Crise boursière « Internet »
2001	Argentine	Crise jumelle
2007-2008	Pays du centre (États-Unis, Europe, Japon)	Crise immobilière, bancaire et financière

y compris les économistes orthodoxes. Ainsi, G. L. Kaminsky et S. L. Reinhart[1], deux économistes du FMI, ont montré que la plupart des crises bancaires dans les pays dits « émergents » ont été précédées par des politiques de libéralisation financière. Joseph Stiglitz, ancien vice-président et économiste en chef de la Banque mondiale, montre dans son livre *La Grande Désillusion* que les politiques de libéralisation radicale imposées par le FMI sont une des causes majeures des crises financières en Russie et dans les pays asiatiques en 1997-1998[2].

Nature et effets des politiques de libéralisation financière

Les politiques de libéralisation financière ont quatre dimensions principales : *libéralisation des opérations bancaires* (par exemple, la fin du contrôle du crédit) ; *ouverture du marché boursier* (liberté totale donnée aux investisseurs étrangers) ; *ouverture du compte de capital* (absence de contrôle des mouvements de

1 G.L. Kaminsky et S.L. Reinhart, « The twin crises : The causes of banking and balance-of-payments problems », *American Economic Review*, n° 489, 1999, p. 473-500.

2 J. Stiglitz, *La Grande Désillusion*, Fayard, Mille et une nuits, Paris, 2002.

capitaux avec l'étranger) ; *libéralisation du marché des changes* (absence de contrôle des achats et ventes des devises étrangères).

Le tableau 2 indique les raisons du caractère profondément déstabilisant des politiques de libéralisation financière pratiquées depuis les années 1970. Plusieurs mécanismes sont à l'origine des effets négatifs de la finance libéralisée. En premier lieu, les politiques de libéralisation autorisent les comportements de prise de risque excessif de la part des acteurs bancaires et financiers : ces derniers ont tendance à prendre d'autant plus de risques que la conjoncture est bonne. En sens inverse, lorsque les perspectives sont défavorables, on constate une forte aversion au risque, en particulier de la part des banques qui peuvent aller jusqu'à rationner le crédit, comme l'illustre la crise financière débutée en 2007. Ainsi, les acteurs financiers, par leurs comportements, exercent un effet déstabilisateur car ils ont tendance à amplifier les cycles économiques.

Tableau 2 Les effets déstabilisants des politiques de libéralisation financière

Domaines de la libéralisation	Effets observés	Explications
Bancaire	La plupart des crises bancaires ont été précédées d'une libéralisation financière	– Prise de risque excessive – Concurrence exacerbée – Dégradation des résultats => banques fragilisées
Ouverture du marché boursier	Bulles spéculatives sur les Bourses dans la plupart des pays émergents	– Encourage la spéculation – Favorise les opérations des investisseurs internationaux – Comportements mimétiques et grégaires des *traders*
Ouverture du compte de capital (balance des capitaux)	– Crises dans les pays qui ont donné la priorité à l'ouverture du compte de capital – Absence de crises dans les pays qui ont maintenu les contrôles de capitaux (Chine, Inde)	– Favorise la spéculation – Entrées et sorties brutales de capitaux internationaux qui déstabilisent la monnaie et le système bancaire des pays touchés par la spéculation
Libéralisation du marché des changes	– Plus grande fréquence des crises de change – Plus grande instabilité du taux de change	– Fragilise les banques et les entreprises soumises à l'instabilité monétaire – Stabilisation du taux de change par les banques centrales rendue difficile

Source : Conseil d'analyse économique (Robert Boyer, Mario Dehove, Dominique Plihon), *Les Crises financières*, La Documentation française, Paris, 2004, www.cae.gouv.fr.

Un second mécanisme joue un rôle central dans les crises récentes : la libéralisation des opérations bancaires entraîne une facilité accrue d'accès au crédit, ce qui stimule le financement des opérations spéculatives sur les différents marchés (financiers, immobiliers), et favorise la *contagion* d'un marché à l'autre. C'est ainsi que, grâce au crédit facile, la spéculation a pu se déplacer, en 2007-2008, des marchés de l'immobilier aux marchés des matières premières, créant des bulles spéculatives sur ces différents marchés.

La libéralisation des mouvements de capitaux (compte de capital) et du marché des changes est à l'origine d'un troisième mécanisme déstabilisant : l'ouverture aux investisseurs étrangers des systèmes financiers nationaux a entraîné une *interdépendance accrue des marchés financiers*, ce qui favorise la diffusion des emballements spéculatifs entre des pays parfois fort distants les uns des autres, mais reliés par les opérations de spéculation des investisseurs internationaux qui déplacent leurs capitaux d'un pays à l'autre. Ces emballements spéculatifs sont aggravés par les comportements des acteurs financiers caractérisés par le *mimétisme*, la *perte de mémoire* des précédents épisodes de crise, sans oublier l'*aveuglement au désastre* qui marque les périodes spéculatives précédant les crises [3].

Ainsi, les politiques de libéralisation augmentent l'instabilité naturelle des marchés financiers. Elles débouchent sur des crises, marquées par l'effondrement des prix d'actifs (immobiliers, cours boursiers, taux de change), des défaillances d'acteurs financiers, une chute de l'activité économique et une montée du chômage. La crise financière des années 2007-2008 en fournit l'illustration la plus récente.

L'ampleur des crises : le rôle décisif du système bancaire

Toutes les crises financières n'ont pas le même degré de gravité. Les travaux récents montrent que la gravité des crises

3 Conseil d'analyse économique (Robert Boyer, Mario Dehove, Dominique Plihon), *Les Crises financières*, La Documentation française, Paris, 2004, www.cae.gouv.fr.

est fonction de deux séries de facteurs : la *robustesse du système bancaire* et l'*importance des innovations financières*. On constate en effet que les crises financières sont d'autant plus graves que tous les risques tendent à se concentrer sur les banques, ce qui remet en cause la continuité du système des paiements et des relations de crédit. Par exemple, les krachs boursiers de 1987 et de 2001 n'ont pas dégénéré en crises profondes et durables dans les pays de la Triade États-Unis-Europe occidentale-Japon, car leurs systèmes bancaires n'ont pas été déstabilisés par la chute brutale des cours boursiers lors de ces deux épisodes de crise. En revanche, le Japon a connu une grave déflation dans les années 1990, car les banques nippones ont été fragilisées par des prises de risques excessives sur les marchés immobiliers et boursiers en proie à des bulles spéculatives.

De même, la gravité de la crise financière internationale, qui a débuté sur le marché immobilier des États-Unis en 2007 pour s'étendre ensuite aux autres pays du centre (Europe, Japon), s'explique largement par le fait que les grandes banques de ces pays ont connu d'énormes difficultés. Par suite de leur spéculation sur les titres représentant les crédits immobiliers américains à haut risque (*subprime*), elles ont accumulé des pertes considérables qui les ont mises en situation de difficulté, voire de défaillance, à la suite de l'effondrement de la bulle immobilière (voir chapitre 5).

Dans les pays nouvellement ouverts à la finance internationale, qualifiés de « marchés émergents », les banques se sont lancées dans des opérations spéculatives et ont pris des risques excessifs[4] (voir le schéma 1, page 74). Un grand nombre de travaux ont montré que les crises financières qui ont durement touché les pays émergents dans les années 1990 sont des « crises jumelles » résultant d'un effondrement simultané du taux de change et du système bancaire interne[5]. Les banques des pays en développement deviennent en effet très vulnérables dès lors

---

4 L. Miotti et D. Plihon, « Libéralisation financière, spéculation et crises bancaires », *Revue d'économie internationale*, n° 85, 2000, p. 3-36.

5 Conseil d'analyse économique (Robert Boyer, Mario Dehove, Dominique Plihon), *op. cit.*

qu'elles s'endettent sur les marchés internationaux. Leur dette étant libellée en monnaie étrangère (en dollars, le plus souvent), elles sont soumises aux variations aléatoires des taux de change qui peuvent aggraver brutalement le coût de leur dette. Ainsi s'expliquent les nombreuses faillites bancaires enregistrées dans les pays émergents. Ces crises jumelles ont un coût social et économique considérable, pouvant s'élever jusqu'à 15 % du PIB.

Les innovations au cœur des crises

L'histoire montre que les crises financières sont également souvent la *conséquence d'innovations* industrielles et financières. L'évolution du capitalisme est en effet caractérisée par des vagues d'innovations conduisant à des phases d'instabilité et de crises financières, comme l'a bien montré l'économiste autrichien Schumpeter[6]. Les vagues technologiques ont souvent été associées à des crises financières. De ce point de vue, le krach Internet peut être comparé aux crises boursières qui ont accompagné le développement des chemins de fer au milieu du XIXe siècle.

Les innovations financières sont également source d'instabilité car elles ont des effets ambivalents. Ainsi, les produits dérivés (marchés à terme) – innovation financière majeure du dernier quart du XXe siècle – sont un instrument efficace de protection des investisseurs individuels contre les risques liés à l'instabilité des prix sur les marchés financiers (cours boursiers et de change). Mais ils contribuent à accroître considérablement le risque systémique d'effondrement global, à cause de l'opacité et du volume des transactions. Ces produits sont également un levier très puissant aux mains des spéculateurs, comme l'a montré George Soros. Celui-ci a expliqué comment il s'est enrichi avec son fonds spéculatif Quantum en utilisant les produits dérivés pour spéculer contre la livre sterling en 1992, ce qui avait alors provoqué l'implosion du système monétaire européen. L'une des raisons pour lesquelles les innovations financières contribuent à

6 J. Schumpeter, *Théorie de l'évolution économique* (1912), trad. fr., Dalloz, Paris, 1999.

Tableau 3 Les relations entre innovations, régulation et crise financières

Politiques de régulation financière	Innovations financières induites	Crises financières
Régulation Q aux États-Unis (plafond sur la rémunération des dépôts bancaires)	Marché des eurodollars à Londres pour échapper à la réglementation états-unienne	– Effondrement du SMI de Bretton Woods (années 1970) – Crise de la dette des pays en développement (années 1980-1990)
Système monétaire européen (SME) (1979-1998)	Produits dérivés (marchés à terme et d'options) utilisés pour spéculer contre le SME	Effondrement du SME en 1992-1993
Contrôle prudentiel sur les banques par le Comité de Bâle	Titrisation des crédits bancaires pour contourner les ratios prudentiels	Crise *subprime* (2007)

l'instabilité financière est que celles-ci ont souvent pour objectif de contourner les réglementations mises en œuvre par les pouvoirs publics pour lutter contre cette instabilité.

Le tableau 3 illustre cette relation entre innovations et régulation financières au cours de trois épisodes majeurs d'instabilité. Le premier cas concerne le rôle du marché des eurodollars (dollars circulant en dehors des États-Unis) lors de la crise du Système monétaire international du début des années 1970. Les autorités américaines avaient limité la rémunération des dollars en dépôt dans les banques aux États-Unis. Pour contourner cette règle, les investisseurs sont allés déposer leurs avoirs en dollars en dehors des États-Unis, à la *City* de Londres. Les eurodollars ont alors proliféré. Ils sont devenus le principal instrument d'une spéculation effrénée contre le dollar qui fut fatale au Système monétaire international de Bretton Woods et conduisit à l'abandon des changes fixes.

Récemment, la technique de la titrisation (voir chapitre 5), une innovation majeure qui a joué un rôle central dans l'extension de la crise *subprime* de 2007, a été massivement utilisée par les banques internationales pour échapper aux règles du Comité de Bâle sur le contrôle bancaire. En effet, ces règles dites « prudentielles » ont pour objet de limiter la prise de risque par les banques en rendant celle-ci plus coûteuse. Ce qui a incité les banques à se débarrasser de leurs crédits à hauts risques (*subprime*) en les transférant à des investisseurs par le canal de la titrisation. C'est ainsi que ces crédits à hauts risques et à haut rendement ont été rachetés par des fonds spéculatifs (*hedge funds*) échappant au contrôle des autorités publiques. Ce mécanisme a largement contribué à l'extension de la crise financière.

Les crises du capitalisme se multiplient mais ne se répètent pas

Il est tentant de comparer la crise financière qui a débuté sur le marché immobilier américain en 2007 à la grande crise des années 1930. On peut y trouver au moins deux analogies. Dans les deux cas, il s'agit de crises de nature systémique qui ont profondément ébranlé les économies du centre, en commençant par les États-Unis. En second lieu, ces deux crises sont la conséquence directe de politiques économiques d'inspiration libérale, fondées sur la croyance en une supériorité du laisser-faire et de l'autorégulation des marchés sur les politiques publiques. Le président américain Hoover ne déclarait-il pas en 1932 : *Prosperity is just around the corner... !*

Toutefois, les crises financières ne se répètent pas à l'identique. Il existe ainsi une différence fondamentale entre les crises de 1929 et 2007 qui concerne le rôle des banques centrales et des politiques monétaires. Il est bien connu qu'une des causes aggravantes de la crise de 1929 a été la politique de la Fed américaine qui a consisté à refuser toute aide, sous forme de refinancement des banques en difficulté, ce qui a précipité les faillites bancaires et industrielles, et a aggravé la chute des prix et de l'activité (déflation).

Les banquiers centraux ont tiré les leçons de cet épisode malheureux. C'est ainsi que, lorsque la crise *subprime* s'est déclenchée en juillet 2007, les banques centrales des pays de la Triade sont intervenues activement pour aider les banques piégées par la crise en leur prêtant massivement. Mais ces interventions sont à double tranchant. Elles ont permis d'éviter à court terme un effondrement des systèmes bancaires, ce qui est un progrès par rapport à la crise de 1929. Mais, en menant ainsi des politiques laxistes à l'égard des banques, afin d'éviter leur effondrement, les autorités monétaires des pays du centre ont favorisé le financement de nouvelles opérations spéculatives, notamment sur les marchés des matières premières dont les prix se sont envolés, contribuant ainsi à l'éclosion d'une nouvelle bulle spéculative... Les politiques néolibérales conduisent ainsi à un capitalisme qui va de bulle en bulle.

Début du XXIe siècle : les pays du centre piégés par les politiques néolibérales

Les relations financières internationales viennent de connaître un retournement spectaculaire. À la fin du XXe siècle, comme on l'a montré, un grand nombre de pays en développement, dits « émergents », ont été frappés par des crises financières graves résultant de la mise en œuvre des politiques néolibérales édictées par le « consensus de Washington ». Un des mécanismes majeurs de ces crises est l'accumulation d'un endettement extérieur non soutenable pour ces pays. Cette phase de la mondialisation néolibérale a été celle de l'hégémonie politique et financière des pays du centre, États-Unis en tête.

Mais à partir du début des années 2000, la plupart des pays en développement améliorent leur situation extérieure, notamment sous l'effet des « politiques d'ajustement structurel » imposées par le FMI. Ces pays se mettent à accumuler des excédents extérieurs et des créances internationales sur les pays riches, à commencer par les États-Unis. Les fonds d'investissement dits « souverains » des BRIC (Brésil, Russie, Inde, Chine) commencent à racheter des banques et des entreprises des pays du centre. Devenus le plus grand débiteur de la planète, fragilisés par la crise *subprime* et piégés par les politiques néolibérales qu'ils ont imposées à la planète, les États-Unis voient leur hégémonie remise en cause par la montée en puissance des BRIC. Un nouvel ordre international polycentrique se met progressivement en place. Si l'Histoire ne se répète jamais à l'identique, la phase actuelle de la mondialisation n'est pas sans rappeler le début du XXe siècle, marqué par le déclin de la puissance impériale britannique et la montée en puissance des jeunes États-Unis d'Amérique...

Schéma 1 Les mécanismes des crises bancaires dans les pays émergents
Hypothèse du lien entre libéralisation financière, comportements spéculatifs et crise bancaire

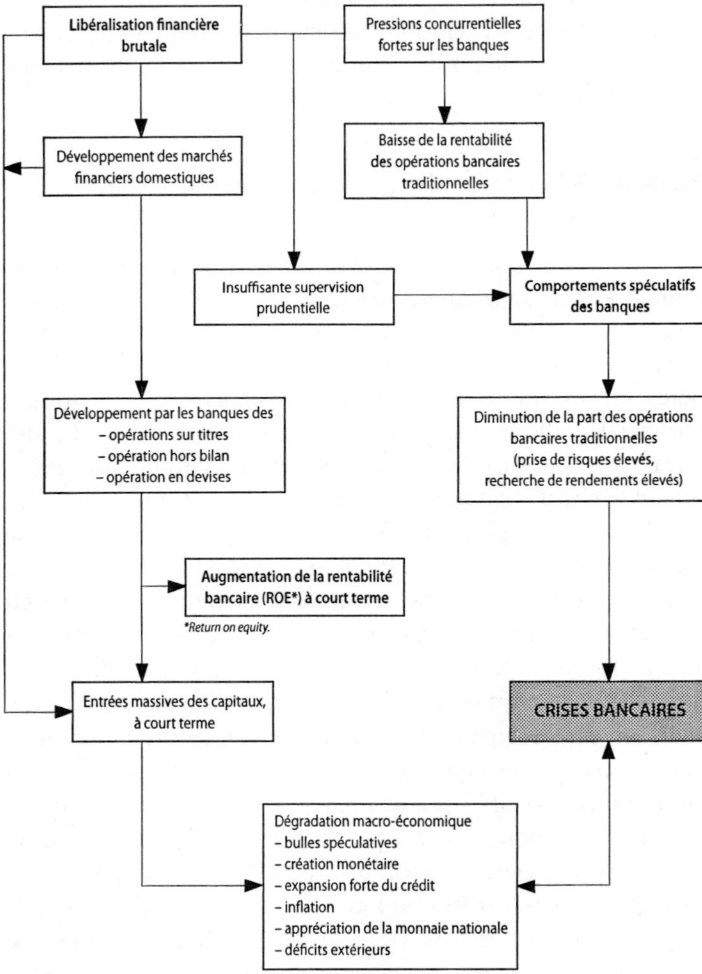

Source : L. Miotti et D. Plihon, « Libéralisation financière, spéculation et crises bancaires », *Revue d'économie internationale*, n° 85, 2000.

6 La crise financière, acteurs et mécanismes

Depuis le début des années 1980, le capitalisme des pays les plus avancés a évolué vers un nouveau régime d'accumulation – souvent qualifié de « capitalisme financier » – où la finance et plus particulièrement les marchés boursiers ont un rôle prédominant dans le fonctionnement de l'économie tant au niveau macroéconomique (politique économique) qu'au niveau microéconomique (comportements des entreprises et des ménages). De multiples facteurs ont conduit à ces changements, nous en signalerons quatre :

– La mise en œuvre, à l'échelle mondiale, d'une politique délibérée de déréglementation des marchés, dans l'objectif de favoriser leur ouverture à une diversité d'opérateurs et de produits.

– Les déficits budgétaires en forte augmentation dans les principaux pays industrialisés et le recours aux émissions obligataires pour les financer. Les gouvernements se sont tournés vers les marchés financiers et vers les investisseurs étrangers. Les privatisations des années 1980 et 1990 ont joué un rôle fondamental dans la croissance de la part d'actions détenues par les investisseurs américains dans le capital des entreprises européennes et plus particulièrement françaises [1].

---

1 En France, une première vague de privatisations a eu lieu en 1986 – Saint-Gobain, Paribas, Société générale. La seconde en 1993, avec Rhône-Poulenc, BNP, puis Renault en 1994 et Pechiney en 1995.

– La très forte augmentation des portefeuilles d'actifs financiers gérés par les investisseurs. Il faut prendre la mesure de la transformation qu'a connue cette activité depuis une décennie. Selon l'Association française de la gestion financière (AFG), les actifs sous gestion en Europe sont passés de moins de 3 500 milliards d'euros en 1995 à plus de 8 000 milliards en 2000 et 14 000 milliards en 2007.

– L'innovation financière débridée, qui a amené à la création de nouveaux produits d'une complexité croissante, échangés sur des marchés de plus en plus opaques. Les marchés de gré à gré, non réglementés, ont connu un important développement. Des produits très risqués, comme les dérivés, représentent désormais l'essentiel de l'activité des marchés financiers. Sur les seuls marchés de dérivés, le volume des échanges s'est élevé à 692 000 milliards de dollars au premier trimestre 2008, contre 539 000 milliards au trimestre précédent, soit un taux de croissance de 30 % d'une année sur l'autre[2].

Deux catégories d'acteurs financiers ont une place centrale dans ce nouveau capitalisme et sur les marchés financiers : les investisseurs institutionnels et les grandes banques. Ces acteurs vont jouer un rôle majeur dans la crise financière internationale qui a débuté aux États-Unis en 2007.

Le rôle croissant des investisseurs internationaux

Toutes les estimations montrent que, dans de nombreux pays dont la France, la présence des investisseurs institutionnels est très importante. Elle a modifié de façon significative la structure du capital des grandes entreprises et, par là même, leur fonctionnement. Le poids des investisseurs institutionnels dans l'économie mondiale est devenu considérable. L'encours global de leurs actifs s'élevait à environ 62 000 milliards de dollars à la fin 2006, ce qui dépasse l'équivalent du produit intérieur brut des pays les plus riches dont ces investisseurs sont issus.

2 Selon la Banque des règlements internationaux, rapport 2008.

On distingue plusieurs catégories d'investisseurs institutionnels : les *fonds de pension* gèrent l'épargne retraite dans certains pays (les États-Unis, le Royaume-Uni mais aussi des pays d'Europe continentale comme les Pays-Bas) ; les *fonds mutuels ou sociétés d'investissement,* les *organismes de placement collectif* (OPCVM et SICAV en France) sont les investisseurs institutionnels qui ont connu le plus fort taux de croissance à partir des années 1990 ; les *compagnies d'assurances* jouent un rôle important dans certains pays comme le Royaume-Uni, la France et le Japon ; les *fonds spéculatifs* (*hedge funds*) : fin 2006, on comptait environ 10 000 *hedge funds* opérationnels dans le monde, gérant un total de près de 2 000 milliards de dollars, cinq fois plus qu'en 2000 ; les *fonds souverains,* créés par les États, gèrent les actifs accumulés à la suite d'excédents commerciaux ou budgétaires et en tirer avantage ; c'est le cas notamment des pays producteurs de matières premières (pétrole et gaz).

Durant cette même période, le capital des entreprises cotées en Bourse détenu par les investisseurs institutionnels a considérablement augmenté, tant aux États-Unis qu'en France. Dans ce domaine, la France a toutefois la particularité d'avoir le plus fort taux de détention du capital des entreprises cotées par des investisseurs étrangers. Ce taux était de l'ordre de 38 % pour les plus grandes entreprises cotées au CAC 40 en 2007. Il était de 36,5 % pour toutes les entreprises cotées en France, chiffre bien supérieur à ceux des autres pays européens en 2000 (moins de 20 % en Allemagne et 29,3 % au Royaume-Uni[3]). Pourquoi ces investisseurs s'intéressent-ils tant aux titres français ? Une explication possible réside dans les performances des grandes entreprises de l'Hexagone qui arrivent, avec les entreprises américaines, en tête des entreprises les plus rentables pour l'actionnaire.

L'emprise des investisseurs étrangers, et plus particulièrement anglo-saxons, se manifeste principalement à deux niveaux : la « gouvernance d'entreprise » et les exigences de rendement financier élevé.

Les investisseurs internationaux, qui ont le plus souvent une position d'actionnaires minoritaires, ne souhaitent pas participer

3 D'après les statistiques publiées par la Banque de France.

directement à la gestion des entreprises. Mais ils exigent de ces dernières qu'elles se soumettent à leur contrôle en appliquant les principes de gouvernance d'entreprise. Ces principes concernent en particulier la transparence de l'information donnée aux actionnaires, le devoir des dirigeants de leur rendre régulièrement et fréquemment des comptes (*accountability*) à leurs actionnaires et le respect des droits des actionnaires minoritaires. La stratégie de ces investisseurs vise à maximiser la valeur boursière et le rendement financier de l'entreprise dans laquelle ils ont investi, et à inciter les dirigeants des entreprises à satisfaire leurs objectifs[4]. Ils imposent donc des normes de rentabilité financières, mesurées par le ROE (*return on equity*), c'est-à-dire le ratio entre les bénéfices nets et les capitaux propres de l'entreprise. Et ils vont chercher à amener les dirigeants des entreprises à se conformer aux intérêts des actionnaires par des modes de rémunération tels que les *stock-options* qui sont indexées sur la valeur boursière de l'entreprise.

Pour atteindre les objectifs financiers qui lui sont assignés, l'entreprise utilise différentes techniques : elle se recentre sur son métier de base, rachète ses propres actions, fait des économies en capital.

L'entreprise doit se recentrer sur son métier de base et abandonner les activités dont la rentabilité est inférieure à celle exigée par les actionnaires. Les « licenciements boursiers », liés aux fermetures d'usines jugées insuffisamment rentables, s'inscrivent dans cette logique. Un autre moyen d'accroître le taux de rentabilité des capitaux propres est de réduire le volume de ceux-ci. Cet objectif peut être atteint de différentes manières. L'externalisation de la production (par exemple la sous-traitance) de certains produits ou services en est une qui permet par la même occasion de « sortir » les salariés du périmètre de l'entreprise et de réduire les coûts. Une autre méthode est le rachat par l'entreprise de ses propres actions. Ce qui permet d'augmenter la rentabilité financière pour les actionnaires, ces derniers étant moins nombreux à se partager les bénéfices de l'entreprise. Enfin, l'« effet de levier » est une autre manière par laquelle les

4 D. Plihon, *Le Nouveau Capitalisme*, *op. cit.*

investisseurs augmentent la rentabilité des capitaux propres grâce à l'endettement, lorsque les taux d'intérêt sont bas.

Il en résulte une « financiarisation » de la gestion de l'entreprise, avec une primauté de la logique financière sur la logique industrielle et de l'emploi. L'entreprise est avant tout considérée par l'investisseur comme un actif financier dont il s'agit d'augmenter la valeur sur les marchés. Or la finalité assignée à une entreprise, qu'elle soit une PME ou un grand groupe, devrait être avant tout la production de biens et de services, et non l'enrichissement des investisseurs. Cette finalité d'enrichissement est fondée sur la fausse affirmation selon laquelle les investisseurs seraient les propriétaires de l'entreprise. Les détenteurs de capitaux ne sont propriétaires que des actions, des parts sociales ou des titres de propriété. L'« entreprise » (la structure productive), qu'il ne faut pas confondre avec l'entité juridique qu'est la « société de capitaux », n'a aucune existence en droit. Personne ne peut donc en être propriétaire même si les investisseurs institutionnels se comportent ainsi (voir encadré 1[5]).

Encadré 1 Société anonyme et entreprise

Les critères de rentabilité financière et boursière liés au nouveau gouvernement d'entreprise (*corporate governance*) pèsent sur le travail qui concourt à produire les richesses. La « valeur pour l'actionnaire » est une vision politique de l'entreprise qui légitime la domination des intérêts d'une catégorie au détriment des autres parties prenantes.

Or, la finalité de l'entreprise est de produire des biens et des services dont la contrepartie économique se mesure par une grandeur économique qui est la « valeur ajoutée », et non par le profit qui n'est qu'un solde ou un résultat. Il faut rappeler que l'« entreprise » (structure productive) ne possède pas de personnalité morale et n'est pas reconnue juridiquement. Sa finalité n'est donc pas prise en compte par les outils de gestion dominants. Les outils et les grilles sur la base desquels les dirigeants prennent leurs décisions (modernisation, restructurations, délocalisations, etc.) sont fondés sur les seuls critères de

5 D. Bachet, G. Flocco, B. Kervella, M. Sweeney, *Sortir de l'entreprise capitaliste*, Éditions du Croquant, Bellecombe-en-Bauges, 2007.

rentabilité de la « société » (entité juridique) derrière lesquels opèrent des indicateurs tels que la « marge » ou le « coût de revient ». Or, ces approches n'engagent que le point de vue des seuls détenteurs de capitaux.

Pourquoi en est-il ainsi ? Parce que seule a été reconnue juridiquement dans l'histoire la « société » au sens juridique, portée par les actionnaires de contrôle et les propriétaires. Cette confusion entre les deux entités est contre-productive et brouille les pistes pour des solutions plus favorables au travail et à l'emploi. Pourtant, l'entreprise et la société ont des natures et des finalités bien différentes.

L'objectif de la « société » au sens juridique est bien de financer l'entreprise et de dégager un profit. Mais, pour la société, les salariés sont des « tiers » et des « coûts » qu'il faut le plus souvent réduire. De plus, le contrat de travail est un « contrat de subordination » qui ne donne pas aux salariés l'autonomie et le pouvoir de décider et d'agir dans le travail. N'ayant pas le statut d'associés, c'est-à-dire de propriétaires ou d'actionnaires, les salariés ne font pas partie de la société mais, en tant que collectifs de travail, il font partie de l'entreprise.

Ainsi, les notions d'efficacité ou de performance ne sont pas les mêmes selon que l'on se réfère à l'une ou l'autre de ces entités distinctes. Valoriser la seule entité « société », c'est viser un optimum financier. Valoriser l'entité « entreprise » permettrait au contraire de viser une efficacité économique, sociale et écologique globale. Dans ce cas, l'entreprise s'inscrirait dans une dynamique de développement où les savoirs, savoir-faire et compétences prendraient tout leur sens et deviendraient véritablement source de valeur pour tous.

Les fonds spéculatifs (*hedge funds*) constituent une catégorie d'investisseurs à part. Leur propension à exiger des rendements élevés et à utiliser des effets de levier très élevés constitue leur principale caractéristique. Chaque fonds développe sa propre stratégie, mais tous poursuivent une logique à court terme et sont enclins à prendre plus de risques que les autres catégories d'investisseurs. Ces acteurs sont d'une très grande opacité, échappent à toute réglementation et sont souvent domiciliés dans les paradis fiscaux. Sauf exception, ils ne cherchent pas à influer directement sur la stratégie des entreprises dans lesquelles ils investissent et se contentent de participations minoritaires. Le recours à des effets de levier très élevés (de l'ordre de quatre à cinq) et leurs activités leur assurent une place tout à fait particulière dans la spéculation financière, comme ce fut le cas au moment de la crise asiatique de 1997. Les *hedge funds* reçoivent des financements des banques ainsi que des fonds de pension et des fonds mutuels. On voit ainsi que les marchés ne sont pas étanches, que les courroies de transmission d'une défaillance de ces fonds spéculatifs existent bien, et que leur comportement n'est pas sans conséquences sur les autres acteurs et sur l'ensemble du système financier.

Quant aux fonds souverains, c'est-à-dire des fonds d'investissements publics contrôlés par les États tels que la Chine, la Russie, le Qatar et Dubaï, qui ont accumulé d'importants excédents commerciaux, leur logique n'est pas purement financière. Ils utilisent leurs ressources financières à des fins plus politiques et stratégiques. Il est souvent reproché à ces fonds de rester opaques dans leurs stratégies d'investissement. Ces investisseurs se sont fortement développés au cours de la période récente. Ils ont joué un rôle important lors de la crise financière en profitant des difficultés de certaines grandes banques – comme Citigroup ou UBS – pour racheter à bon compte une part de leur capital. Le fait d'être adossés à des États donne aux fonds souverains une nature singulière. Ils répondent à une logique différente de celle des fonds privés et sont souvent orientés vers des stratégies de long terme : préparation de l'après-pétrole pour les pays du Golfe, reclassement des excédents commerciaux pour les pays asiatiques, gestion par capitalisation des retraites pour le fonds souverain norvégien...

Les banques au cœur de la crise financière

Les grandes banques jouent un rôle central dans le système financier mondial, à côté des investisseurs. La plupart des grandes banques se sont muées en groupes financiers multi-spécialisés, présents sur tous les métiers de la finance : la banque de détail, la banque d'investissement et l'assurance. Ce qui s'est passé dans la dernière décennie, c'est d'une part l'incroyable multiplication des innovations financières par les banques et, d'autre part, le développement d'un vaste « système bancaire parallèle » non contrôlé, le *shadow banking system*. Ces deux facteurs indissociables ont joué un rôle déterminant dans le déroulement de la crise financière à partir de 2007.

C'est ainsi que les banques ont inventé la titrisation, innovation majeure qui leur a permis de transformer leurs crédits en titres négociables (d'où le terme de « titrisation ») qu'elles ont ensuite vendus à des investisseurs institutionnels en quête de placements rentables. Ces titres se sont développés rapidement et constituent l'un des principaux compartiments du marché financier mondial. En janvier 2007, la valeur totale de l'ensemble des obligations résultant de la titrisation de crédits immobiliers états-uniens s'élevait à 5 800 milliards de dollars, dont 14 % correspondaient à des crédits *subprime* à hauts risques, et dont environ 15 % étaient détenues par des investisseurs étrangers (encadré 2).

Encadré 2 Les crédits hypothécaires *subprime*

Le système actuel de financement du logement états-unien a été mis en place par l'administration Roosevelt dans les années qui ont suivi la grande crise de 1929. La forme principale en est le crédit hypothécaire à trente ans, à taux fixe supérieur de 1 point au taux des obligations publiques. Les ménages devaient initialement faire un apport personnel égal à 20 % du prix de la maison afin de démontrer leur solvabilité. Mais, à la suite de la vague de libéralisation financière radicale des années 1980, ces règles de prudence ont été abolies. Les taux d'intérêt variables et des prêts couvrant 100 % du prix des logements ont été autorisés. Ce qui permit aux banques d'offrir des prêts à taux élevés dits *subprime* à des populations d'emprunteurs plus risquées, en particulier les ménages les moins fortunés, parmi lesquels une forte proportion de familles noires et hispaniques. Tant que les taux d'intérêt restaient bas, ces ménages ont pu s'endetter sans problème, d'autant que la hausse du prix de leurs maisons les rendait solvables aux yeux des banques. Les prêts *subprime* se sont rapidement développés de 173 à 600 milliards de dollars de 2001 à 2006. La part de ces prêts à hauts risques dans le total des prêts immobiliers est passée de 5 % à 14 %.

Schéma 1 Le circuit des crédits *subprime* et les acteurs de la finance mondiale

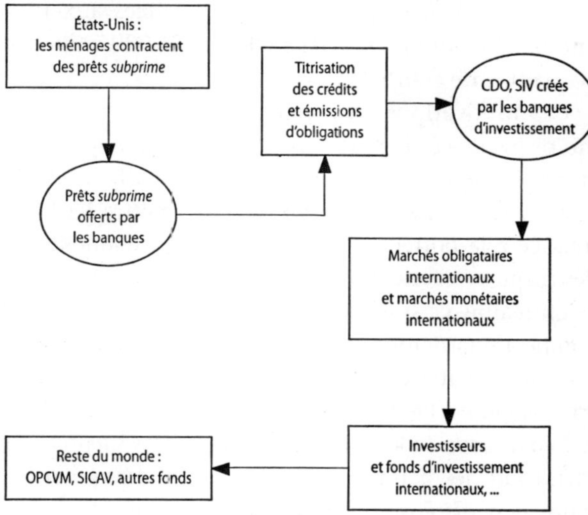

Mais l'ingéniosité des financiers est sans limites et ne s'est pas arrêtée au processus de titrisation ! Afin de rendre le plus attractifs possible ces titres auprès des investisseurs, les banques d'investissement américaines ont créé un nouvel instrument, les CDO (*collateralized debt obligations*), c'est-à-dire des obligations fondées sur une dette. Ces CDO sont réparties en « tranches » allant des moins risquées, qualifiées de « senior tranches », avec la note maximum AAA, aux tranches plus risquées, appelées « mezzanine tranches », et jusqu'aux tranches les plus risquées, souvent qualifiées de « toxiques » ou « radioactives » par la presse financière… Le rendement reçu par les investisseurs est proportionnel au degré du risque. La construction des CDO et de leurs tranches par les banques est très complexe et leur rapporte des commissions considérables. L'objectif est de vendre au mieux ces obligations en distribuant le risque entre les différentes catégories d'investisseurs, les fonds spéculatifs (*hedge funds*) étant particulièrement intéressés par les tranches les plus risquées et les plus rémunératrices.

Les premières CDO ont été émises dans les années 1980, mais se sont surtout développées récemment : les émissions totales de ces titres sont passées de 157 000 à 549 000 milliards de dollars de 2004 à 2006. Les émissions de CDO liées aux financements immobiliers sont passées de 45 000 à 166 000 milliards de dollars pendant cette courte période.

Ces innovations financières ont été portées aux nues – au moins jusqu'à une période récente – par la plupart des banquiers et des économistes. Ces derniers y ont vu le moyen d'accroître l'efficacité des marchés financiers, de mettre les bienfaits de la finance à la portée de tous les ménages, d'améliorer la gestion des risques et donc d'accroître la stabilité du système financier...

En réalité, ce système de montages financiers s'est révélé une bombe à retardement qui, en raison de ses effets pervers, a joué un rôle majeur dans le déclenchement et la propagation de la crise *subprime*. Premier effet pervers : sachant qu'elles pourraient se débarrasser de leurs crédits immobiliers *subprime* grâce à leur titrisation, les banques ont été incitées à augmenter au maximum leur offre de crédits, en minimisant les risques qu'elles n'auraient plus à supporter puisque ceux-ci seraient transférés à des investisseurs. C'est ainsi que les banques se sont ruées sur les ménages les moins fortunés, que la libéralisation financière avait autorisés à s'endetter sans contrainte pour la totalité de la valeur de leurs achats immobiliers, et même au-delà pour acheter des biens de consommation, comme le montre la figure 1.

Deuxième effet pervers : ces montages financiers sont totalement opaques, et donc non contrôlables. En premier lieu, les opérations sont enregistrées dans les comptes hors bilan des banques qui échappent largement aux contrôles, et notamment dans des « véhicules financiers spéciaux » (*special investment vehicle* – SIV). En second lieu, les transactions sur les CDO sont réalisées sur un marché de gré à gré (*over the counter* – OTC) qui n'est supervisé par aucune autorité. Résultat : on a assisté à un transfert massif des risques allant des banques, qui sont des acteurs supervisés, vers des investisseurs très peu ou pas contrôlés, tels les fonds spéculatifs. En délaissant leur métier traditionnel pour se développer grâce à la titrisation des dettes, les banques ont créé un *shadow banking system*, un système bancaire parallèle ou dual, caractérisé par des principes de fonctionnement opaques et échappant à tout contrôle prudentiel.

Figure 1 Prêts hypothécaires et investissement résidentiel aux États-Unis

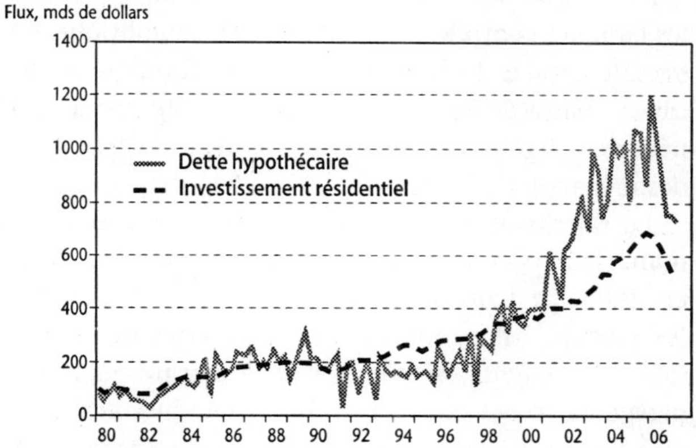

Source : Federal Reserve (*flow of funds*).

Ce *shadow banking* a constitué l'élément moteur de la crise financière.

Troisième effet pervers : la multiplication des produits dérivés et des assurances contre les faillites (CDS) a laissé croire aux acteurs financiers qu'ils maîtrisaient parfaitement les risques, et a contribué à accroître le niveau global de prise de risque.

À côté des banques, les grandes agences de notation américaines – Standard & Poor's et Moody's – ont également une grande part de responsabilité dans la crise. Celles-ci sont supposées évaluer la qualité des émetteurs et des titres. Mais elles ont partie liée avec les banques qui sont leurs clients. Ces deux agences ont largement favorisé cette opacité en sous-évaluant délibérément les risques pris par les banques, ce qui a contribué à la confusion et à la perte de confiance des marchés au moment de la crise.

Le déclenchement de la crise

L'augmentation rapide de la consommation et des achats immobiliers des ménages états-uniens, largement financée par l'endettement et les innovations financières qui viennent d'être décrites, s'est traduite par des tensions inflationnistes.

La bulle immobilière en était la manifestation la plus spectaculaire. La Fed, gardienne de la stabilité des prix comme toutes les banques centrales, décida de durcir sa politique, en haussant brutalement le taux d'intérêt sur les fonds fédéraux, dont le niveau passa de 1 % à 5 % de 2004 à 2006, ce qui mit fin à la période d'argent à bon marché qui avait favorisé l'endettement des ménages.

Le ralentissement attendu se produisit brutalement sur le marché immobilier : la hausse des prix y passa de 20 % à 0 % en 2006. La hausse des taux d'intérêt toucha de plein fouet les ménages défavorisés les plus endettés qui avaient « bénéficié » des crédits *subprime*. Dans la mesure où, à la suite de la dérégulation des taux d'intérêt, les banques avaient été autorisées à offrir des prêts immobiliers à taux variables, la hausse des taux initiée par la Fed entraîna une augmentation brutale des charges d'intérêt des ménages, avec des effets particulièrement dramatiques sur les ménages pauvres et surendettés. En décembre 2007, près d'un million d'entre eux – soit environ 2,5 millions de personnes – avaient été jetés à la rue, les banques les expulsant pour vendre leurs maisons et se rembourser. Cette hausse brutale des ventes accéléra la chute des prix, et la bulle immobilière explosa, comme toutes les bulles...

L'insolvabilité des ménages a entraîné une dévalorisation des créances immobilières détenues par le système financier américain. Le marché des CDO s'est effondré à son tour, la valeur de ces titres étant liée à celle des crédits immobiliers. Les banques d'investissement états-uniennes, chevilles ouvrières de ce marché, ont été à leur tour en difficulté. Le cas le plus spectaculaire est celui de Bear Stearns, une des principales banques d'investissement de New York, qui déclara en juin 2007 avoir accumulé des pertes pour un montant record de 12 milliards de dollars par l'intermédiaire de deux de ses fonds spéculatifs.

À qui perd gagne ?

Les années 2007 et 2008 figureront dans l'almanach de l'histoire des bulles spéculatives. Cependant, une illusion tenace persiste : celle d'une richesse dont on sait qu'elle ne peut provenir de la finance et qui pourtant disparaîtrait avec l'explosion de la bulle. N'entend-on pas dire que des centaines de milliards « sont partis en fumée » ou « se sont évaporés », certains n'hésitant pas à surenchérir : « 25 000 milliards de dollars évanouis[6] », pour montrer l'effondrement des Bourses depuis le début de l'année 2008 ? De la même manière, les caisses d'épargne françaises ont annoncé la perte de 751 millions d'euros et Natixis 250 millions. Or il se pourrait bien que les choses ne se présentent pas tout à fait ainsi. Ou bien la perte subie, pour avoir pris des positions ayant mal tourné et qui ont dû être dénouées (« liquidées »), a vu d'autres institutions financières engranger des gains symétriques parce qu'elles avaient pris des positions inverses, ou bien les caisses d'épargne et Natixis ont simplement enregistré dans leur bilan une évaluation de leurs actifs financiers à une hauteur moindre que dans la période précédente, sans que l'on puisse considérer cela comme une perte tant que les actifs ne sont pas liquidés. On voit donc que les nouvelles normes comptables auxquelles sont tenues les entreprises cotées (encadré 3) ne font qu'entretenir la fiction de la valorisation du capital hors de la production et, lorsque cette fiction s'effondre, en recréent une nouvelle à propos de la disparition de ce qui n'était qu'un mirage.

La crise des *subprimes* a parfaitement illustré les effets pervers des normes IFRS, notamment leur rôle déstabilisant pour les entreprises et les banques. Pendant la période d'euphorie des marchés, les actifs détenus par les banques ont été (sur)valorisés à leur valeur de marché, en forte hausse. Par la suite, la chute des marchés a entraîné une forte baisse de valorisation de nombreux actifs financiers. Non seulement plus personne ne veut acheter les produits financiers risqués, mais les établissements financiers n'arrivent même pas à vendre leurs titres « sains » afin de trouver des liquidités. Ce qui a contribué à une grave crise de liquidité qui a amené les banques à ralentir leurs prêts, avec des conséquences néfastes sur l'activité et l'emploi.

Au fur et à mesure que la crise s'approfondit, les banquiers finissent par reconnaître ce que, bien sûr, pas un livre de théorie

6 *Le Monde*, 26 et 27 octobre 2008.

Encadré 3 La crise aggravée par les nouvelles normes comptables au service des investisseurs

Les principaux pays développés se sont dotés récemment de nouvelles normes comptables IFRS[7]. Ce nouveau système comptable international est fondé sur le principe dit de la « juste » valeur (*fair value*) qui consiste à enregistrer la plupart des actifs dans les bilans à la « valeur de marché ». Ce qui constitue une rupture profonde avec le principe antérieur de la « valeur historique ». L'une des conséquences majeures de l'application de ce nouveau principe est que les comptes des entreprises sont désormais soumis aux variations des marchés, ce qui rend les entreprises très dépendantes de la Bourse, et aggrave leur situation en cas de crise boursière. La remise à jour régulière de la valeur des actifs entraîne une volatilité des comptes et des résultats des sociétés sans correspondance avec leur activité économique. Le principe de « juste valeur » est prioritairement conçu pour satisfaire les actionnaires, les analystes financiers, les investisseurs et le marché financier, tous ceux qui sont directement intéressés par une valorisation boursière journalière. Il ne va pas nécessairement dans le sens des intérêts des créanciers ou des salariés.

financière ni aucun livre d'économie bien-pensant n'envisagent. Ainsi, une semaine après que la Caisse des dépôts et consignations (CDC) a annoncé avoir subi des pertes en 2008, Augustin de Romanet, son directeur général, déclare dans un entretien au *Monde* : « Nos résultats sont bons. Ils traduisent une bonne gestion et des choix pertinents. Mais, à cause des règles comptables, la baisse de la Bourse – notamment celle de l'action Dexia – devrait affecter nos comptes alors même que nous n'avons pas vendu nos titres[8]. »

7 Les *international financial reporting standards* (IFRS) sont les normes comptables élaborées par l'International Accounting Standards Board (IASB). Depuis le 1er janvier 2005, toutes les sociétés cotées de l'Union européenne et leurs filiales sont tenues de présenter les comptes consolidés en conformité avec ces normes comptables internationales. L'évaluation et l'intégration des instruments financiers, qui occupent désormais une place majeure dans la construction des états financiers des sociétés, sont régies par les normes IAS 32 et 39.

8 *Le Monde*, 19 décembre 2008.

La crise se propage à l'Europe, alignée sur le modèle financier américain

La crise s'est propagée au reste du monde, d'autant plus facilement en Europe que, depuis les années 1990, les pays de l'Union européenne avaient mis en œuvre des politiques de libéralisation financière dans le cadre de la création du marché unique des capitaux. C'est ainsi en particulier qu'en 1999 la Commission européenne avait lancé son Plan d'action pour les services financiers, comprenant quarante-deux mesures applicables dès 2005 pour créer un marché financier européen intégré, fonctionnant sur le modèle des États-Unis... Soumises à la concurrence et à la loi du rendement à 15 %, comme leurs concurrentes anglo-saxonnes, les banques européennes se sont livrées à la course au risque et se sont ruées sur les CDO venus d'outre-Atlantique. De sorte que, lorsque la valeur de ces produits s'effondra, les banques européennes essuyèrent des pertes considérables à leur tour.

Cette crise démontre la nécessité de soustraire l'Union européenne à la logique néolibérale et d'encadrer la finance.

7 La crise financière se transmet à la sphère productive

Les effets de la crise financière se font désormais sentir dans le « secteur réel » tant aux États-Unis que dans les pays de l'Europe occidentale, touchés par une récession d'ampleur variable suivant les pays. Ils restent en revanche un peu moins sensibles dans certains des pays dits « émergents ». Le groupe des BRIC devrait ainsi connaître une croissance supérieure à celle des pays avancés. D'autres pays émergents pourraient en revanche subir plus gravement les effets de cette crise, en raison de leur forte dépendance des marchés des pays occidentaux.

Du financier à l'économique et *vice versa*

Les banques, fragilisées par l'accumulation de mauvaises dettes issues de l'immobilier, réduisent brutalement les crédits qu'elles accordent : c'est l'effet *credit crunch*. Par ailleurs, l'incertitude engendrée par l'accumulation de dettes douteuses dans les actifs bancaires a conduit, à partir de la faillite de Lehman Brothers, à une crise de liquidité. Celle-ci se traduit par l'impossibilité pour les entreprises de trouver un financement de leurs fonds de roulement, et ce même quand elles sont solvables. Cette crise de liquidité pousse alors les banques à vendre une partie des valeurs mobilières qu'elles détiennent et provoque le krach boursier que l'on a connu en septembre et octobre 2008.

Un nouveau mécanisme se met alors en place. L'éclatement de la bulle immobilière entraîne une forte baisse des prix de l'immobilier qui se conjugue avec le krach boursier pour engendrer une baisse de la valeur du patrimoine des ménages. Cela induit un effet de richesse négatif pour les ménages, qui diminuent brutalement leur consommation, déprimant l'activité économique. Les entreprises sont touchées par la baisse de la demande, au moment où elles sont déjà fragilisées par les restrictions de crédit, la crise de liquidité, ainsi que la perte des avoirs qu'elles avaient placés en Bourse. Le nombre des faillites augmente alors.

Il devient d'autant plus important que, dans de nombreux pays, des entreprises ont fait l'objet de rachat par des holdings avec des effets de levier d'endettement très importants (*leveraged buy out* – LBO). Lorsque ces opérations arriveront à maturité, les holdings qui doivent rembourser les dettes contractées pour ces opérations ne pourront ni revendre les entreprises sans pertes, ni trouver des crédits-relais. La mise en faillite des holdings entraînera aussi la liquidation des entreprises faisant l'objet d'un LBO. Ce qui accroîtra brutalement le phénomène des faillites pour des raisons purement financières.

La crise devient alors cumulative avec la montée du chômage. Les revenus salariaux sont les premiers touchés et la solvabilité des ménages se détériore rapidement, avec un effet de retour sur les banques qui voient les impayés s'accumuler sur les cartes de crédit et dans les formes traditionnelles du crédit à la consommation. Les faillites des entreprises donnent naissance à de nouvelles chaînes d'insolvabilité, tandis que les assurances de défaut, les *credit default swaps* (CDS), sont activées. Cela constitue une nouvelle charge pour les banques et les compagnies d'assurances, et contribue à dégrader encore plus la nature des actifs qu'elles détiennent. L'incertitude initiale se reproduit et perpétue alors la crise bancaire. La situation des banques continue à se détériorer, entraînant le risque d'un *credit crunch*.

Schéma 1 La boucle des enchaînements de la crise

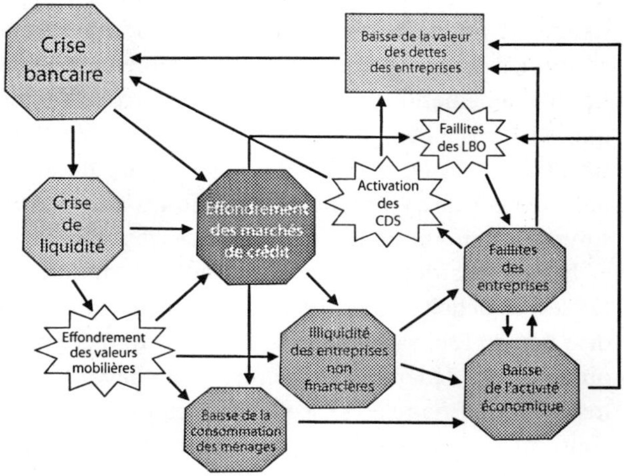

La crise se transmet ainsi de la finance au secteur réel, mais aussi du secteur réel vers la finance. Chaque nouvelle dégradation de l'activité économique induit une montée de l'insolvabilité des ménages et des entreprises qui compromet le rétablissement de la situation des banques et des compagnies d'assurances. La poursuite de la crise financière se traduit par le blocage du marché du crédit en dépit du soutien coûteux des autorités publiques aux institutions financières. Ce blocage va aggraver la crise du secteur réel.

Les économies sont donc en train d'entrer dans une profonde spirale de récession, et ce même sans l'effondrement en chaîne des banques comme en 1929-1930.

Évaluation de la récession américaine

L'impact de ces effets sur la croissance aux États-Unis sera très brutal. Si la récession a été moins forte que prévu au premier semestre 2008 car les exportations ont continué de progresser grâce à la baisse du dollar, la contraction de la demande intérieure s'est aggravée durant l'automne 2008 et le début de l'hiver. La crise de l'industrie automobile, que l'effondrement du crédit met aux abois, en est un signe. L'investissement est déjà en forte baisse et l'activité va sans doute continuer de décliner pendant de nombreux mois. La contraction de la demande engendre une hausse continue du chômage qui, de 4,5 % à l'été 2007, a atteint 5,5 % à l'été 2008 et devrait fin 2009 se situer vers les 9,5 % de la population active[1]. La dégradation de la situation des banques américaines se poursuivra, entraînant un accroissement des faillites.

Les marges de manœuvre de l'administration Obama sont faibles. Le déficit budgétaire pour 2009, qui était prévu à hauteur de 3,5 % du PIB, va monter de manière explosive dans la mesure où le budget fédéral doit prendre à sa charge le sauvetage des institutions financières[2], celui de l'industrie automobile et la consolidation des comptes du budget des États[3]. Ainsi, le déficit public pour l'année fiscale 2009 devrait atteindre les 10 % du PIB. Le budget 2010 sera lui aussi lourdement déséquilibré, aggravant la pression à la baisse du dollar.

L'économie américaine n'émergera sans doute pas de la crise avant fin 2010 au mieux. Le plan de relance de grande envergure lancé par la nouvelle administration américaine pourrait n'avoir qu'un impact limité, étant donné les pressions qui continueront de s'exercer sur les revenus de la majorité des ménages. Ce qui pourrait conduire à un retour au protectionnisme de la part des autorités américaines. La crise américaine aura par ailleurs des conséquences dramatiques sur le Mexique qui sera pris en étau entre la contraction du marché intérieur américain et la perte de compétitivité des exportateurs mexicains face notamment à la Chine.

---

1 Ces chiffres ne tiennent pas compte des travailleurs clandestins licenciés en masse dans le secteur du bâtiment depuis janvier 2008.

2 Le « plan Paulson » ou TARP sera certainement totalement engagé.

3 E.C. McNichol et I.J. Law, « 22 states face total budget shortfall of at least $39 billion in 2009 ; 8 others expect budget problems », *CBPP Policy Brief*, 15 avril 2008, Washington.

Le clone britannique ou la fin du modèle « blairiste »

Cette crise se retrouve à des degrés différents en Europe, en fonction de la plus ou moins grande similarité des économies avec le modèle américain. Le cas du Royaume-Uni est ici symptomatique car, sur de nombreux points, le modèle économique y est un clone de celui des États-Unis. Ainsi le taux d'épargne global (ménages et entreprises) est-il similaire à celui des États-Unis et bien plus faible que celui de l'Allemagne, de la France et de l'Italie.

La crise hypothécaire y suit des courbes parallèles[4]. Les ménages britanniques, fragilisés par les politiques libérales et privés de protection sociale pour une part importante de la population[5], seront particulièrement vulnérables. Le ralentissement du secteur immobilier est déjà brutal ; comme aux États-Unis il y a un fort effet de richesse négatif. Cependant, il faut prendre en compte des éléments spécifiques de l'économie britannique.

Tableau 1 Épargne totale en % du PIB

	Allemagne	France	Italie	Grande-Bretagne	États-Unis
2000	20,07	21,20	20,16	15,39	18,04
2005	21,67	18,96	18,93	14,99	13,95
2006	22,81	19,26	18,59	14,10	14,15
2007	23,83	20,42	19,31	13,63	13,62

Source : IMF-FMI, *World Economic Outlook*, avril 2008.

Le premier est incontestablement le poids du secteur financier dans l'économie. Les banques britanniques sont ici durablement fragilisées, en dépit d'une aide massive de l'État. Le secteur financier de l'économie sera un facteur de dépression, à la fois par la contraction des crédits et par les licenciements qui y surviennent.

---

4 Voir FMI, *Global Financial Stability Report*, avril 2008, Washington, p. 8.

5 M. Brewer, A. Goodman, J. Shaw, L. Sibieta, *Poverty and Inequality in Britain : 2006*, Institute for Fiscal Studies, Londres, 2005. Voir aussi W. Paxton, M. Dixon, *The State of the Nation : An Audit of Injustice in UK*, Institute for Public Policy Research, Londres, 2004.

Le second élément spécifique tient à l'épuisement de la rente gazière et pétrolière qui a rendu possible le « social-libéralisme » de Tony Blair. L'impact sur les finances publiques sera important. Le déficit public britannique pourrait s'accroître de manière considérable et dépasser les 6 % du PIB en 2009.

Le troisième élément renvoie à la livre sterling. On pourrait penser qu'une très forte dépréciation de la livre serait une solution. Mais la quasi-disparition de l'industrie britannique et le poids du secteur financier réduisent ici les marges de manœuvre des autorités financières. Le Royaume-Uni connaîtra une très forte contraction de l'activité, avec une hausse simultanée du chômage et des déficits publics à partir de 2009. Autrement dit, la mort du modèle « social-libéral » britannique.

La zone euro à la croisée des chemins

La situation de la zone euro est extrêmement contrastée, en raison de la divergence croissante des dynamiques des économies qui la composent[6]. La forte hausse de l'euro face au dollar et aux monnaies asiatiques est un facteur aggravant de la crise actuelle. La monnaie unique, en rendant impossibles pour certains pays des dévaluations pourtant nécessaires, rendra beaucoup plus difficile la gestion de la crise et engendrera une dégradation de la situation de l'emploi excessive.

L'Espagne se rapproche fortement du modèle anglo-américain, avec un endettement des ménages considérable et une épargne faible. La croissance récente, souvent donnée en exemple, a en réalité reposé sur la spéculation immobilière alimentée par le crédit hypothécaire. L'éclatement de cette bulle se traduit par un très fort ralentissement du secteur de la construction. Le mécanisme des hypothèques à taux variable et décalé conduit à une très forte montée de la charge de l'endettement sur les ménages. Dans ces conditions, l'Espagne fait face à une contraction très brutale de l'activité économique. Le chômage, qui a augmenté de 24,7 % de l'été 2007 à l'été 2008, va continuer à s'aggraver.

---

6 Sur le phénomène d'eurodivergence, voir J. Sapir, « From financial crisis to turning point », *in Internationale Politik und Gesellschaft*, 2009/1.

Les banques espagnoles, dont plus de 65 % des actifs sont issus des activités immobilières, sont aussi très vulnérables à la combinaison de mauvaises dettes dans l'immobilier et d'une brutale montée de l'insolvabilité des ménages.

Le gouvernement espagnol a engagé un plan de relance massif (20 milliards d'euros) pour éviter le pire. Cependant, cela n'empêchera pas le PIB de baisser de 2 % en 2009. La dette publique s'accroît fortement et le déficit de la balance commerciale explose. L'Espagne est en effet un des pays de la zone euro où les coûts salariaux ont le plus augmenté[7]. Cette situation est aggravée par la forte appréciation de l'euro. La situation économique espagnole devrait continuer de se dégrader jusqu'à l'été 2010, tirant également vers le bas l'économie marocaine[8].

L'Allemagne connaît elle aussi une crise grave qui met fin au mythe voulant que l'économie de ce pays puisse résister à l'euro fort. L'effondrement des anticipations des entreprises depuis mars 2008 témoigne de la contraction brutale des carnets de commandes. Le modèle néomercantiliste allemand, fondé sur le transfert vers la TVA des charges sociales des entreprises et la délocalisation d'une partie de la sous-traitance chez les nouveaux pays membres de l'Union européenne, est clairement à bout de souffle.

Les banques allemandes ont été très éprouvées par la crise financière, qui s'est même propagée parmi les sociétés d'assurances. La contraction du crédit, en dépit d'un soutien massif des banques par les autorités, a été sensible, affectant brutalement l'activité et venant s'ajouter aux effets de l'euro. Le marché automobile s'est fortement contracté durant 2008, et les profits des entreprises se sont brutalement dégradés. L'Allemagne devrait connaître une forte récession à partir de 2009.

En France, si le crédit hypothécaire est peu développé et ne constitue pas un vecteur de transmission de la crise, l'appréciation de l'euro est dévastatrice[9]. En incluant tous les effets, elle

---

7 Voir *Conjoncture Paribas*, n° 12, décembre 2007, p. 14, graphique 20.

8 Outre les chômeurs officiellement recensés, il faut ajouter le licenciement de nombreux travailleurs non déclarés d'origine marocaine.

9 F. Cachia, « Les effets de l'appréciation de l'euro sur l'économie française », *Note de synthèse de l'INSEE*, Paris, 20 juin 2008.

provoque une baisse de la croissance de 0,6 % à 1 % par an. Par ailleurs, les banques françaises ont procédé depuis début 2008 à un notable rationnement du crédit[10], qui s'est brutalement aggravé à l'automne. L'interruption des facilités de découvert a pénalisé lourdement les PME et provoqué un ralentissement de l'activité de la construction. La forte hausse du chômage en fin d'année 2008 est le résultat de ce choc de crédit.

Pourtant, la France, présentée durant la campagne présidentielle de 2007 en état de surendettement pour justifier une rigueur budgétaire, connaît une situation globale plus favorable que celle de ses voisins (tableau 2).

Tableau 2 Endettement comparé en % du PIB en 2006

	France	Allemagne	Espagne	Grande-Bretagne	Italie
Endettement des ménages	45 %	68 %	84 %	107 %	39 %
Endettement des entreprises non financières	73 %	57 %	104 %	88 %	63 %
Total hors dette publique	**118 %**	**125 %**	**188 %**	**195 %**	**102 %**
Endettement public	63 %	67 %	39 %	39 %	106 %
Endettement total	**181 %**	**192 %**	**227 %**	**234 %**	**208 %**

Source : INSEE, BCE et comptes nationaux.

La France aurait pu traverser la crise au moindre mal, mais la politique du gouvernement Fillon depuis l'été 2007 a aggravé les effets de la crise financière, avec une déflation salariale directe (avec la remise en cause des 35 heures) et indirecte (avec la remise en cause des montants de prestations de retraite et de santé) pour accroître la compétitivité. Compte tenu de la hausse de l'euro, il n'y aura pas d'effet positif du commerce extérieur et les réformes ont affaibli le pouvoir d'achat des ménages, aggravant les effets de la crise. La politique Fillon a été le pendant moderne de la politique conduite par Pierre Laval en 1935.

La croissance française, plus faible que prévue en 2008, débouchera sur une récession qui pourrait atteindre – 1 % en 2009, en dépit d'un plan de relance de 26 milliards d'euros

10 Si les taux n'ont pas fortement augmenté, le pourcentage de rejet des dossiers de demande est de 50 %.

annoncé en décembre 2008. Ce plan est à la fois trop tardif, trop limité, et ne répond ni au problème de la surévaluation de l'euro, ni à la grève du crédit des banques.

Face à la crise : hétérogénéité des situations et des réactions

La crise actuelle va ainsi se traduire par une très faible croissance et une forte montée du chômage dans les trois années qui viennent pour les pays développés.

Le cœur économique traditionnel de l'Union européenne traversera une période de récession relativement longue. On le voit dès 2008, avec le recul du marché de l'automobile et des biens manufacturés. Ce qui pèsera lourdement sur la croissance des nouveaux États membres, dont la balance commerciale devrait se dégrader sensiblement. Il faut enfin souligner les conséquences de l'euro sur les économies européennes. Compte tenu de la forte hétérogénéité des réactions des économies de la zone euro aux chocs macroéconomiques[11], la politique de la BCE va exacerber les oppositions au sein des pays membres. La surévaluation de l'euro rendra la situation de certains pays, comme l'Espagne ou l'Italie, très difficile à gérer. On ne saurait donc exclure une crise majeure à moyenne échéance.

À l'inverse, la croissance restera plus soutenue dans les BRIC. La contraction de la demande intérieure américaine sera compensée en partie par un retour vers le marché intérieur en Chine et en Inde. Il faut signaler qu'en Chine comme en Russie les gouvernements ont procédé à des plans de relance très supérieurs à ceux consentis dans les pays de la zone euro. Pour d'autres pays émergents, coincés entre la dépression des marchés occidentaux et la montée de la concurrence chinoise[12], l'avenir s'annonce plus sombre. C'est le cas de l'Amérique latine, mais

11 I. Angeloni et M. Ehrmann, « Euro aera inflation differentials », *The B.E. Journal of Macroeconomics*, vol. 7, 1, 2007, article 24, p. 31, disponible sur http://www.bepress.com. C. de Lucia, « Où en est la convergence des économies de la zone euro ? » *Conjoncture Paribas*, n° 3, mars 2008, p. 3-21.

12 P.K. Schott, « The relative sophistication of Chinese exports », *Economic Policy*, n° 55, janvier 2008, p. 7-40.

Figure 1 Taux de chômage en % de la population active (données de 2007 et prévisions pour 2008 et 2009)

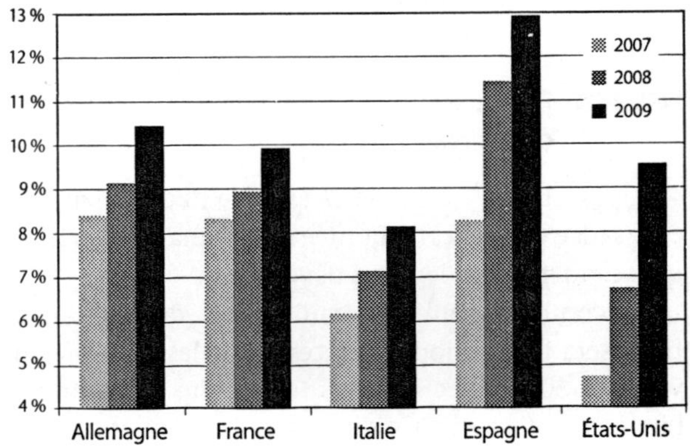

Source : pour 2007, données officielles des pays considérés. Pour 2008 et 2009, estimations CEMI-EHESS.

aussi de plusieurs pays du Maghreb et des pays de l'Est de l'Union européenne.

La crise financière met aussi en lumière une forte hétérogénéité des situations et des réactions au sein des économies occidentales, et souligne ainsi la diversité des modèles de capitalisme et de leurs réponses à une même perturbation. La globalisation de l'économie n'a pas été son unification, contrairement à ce qui a été prétendu. Le « modèle américain », avec ses « clones » souvent donnés en exemple ces dernières années (Royaume-Uni et Espagne), apparaît comme la première victime de la crise. Les stratégies combinant une forte financiarisation, une déréglementation et une acceptation de fortes inégalités accroissent la vulnérabilité de l'économie. La déflation salariale, qui résulte à la fois des politiques nationales et des effets du libre-échange, a durablement fragilisé les ménages, conduisant à la fois à un excès de leur endettement et à une dégradation de leur solvabilité.

Les racines de la crise actuelle ne sont financières qu'en apparence. C'est un modèle social, dont les États-Unis se sont voulus le prototype et des pays comme l'Espagne, le Royaume-Uni ou encore l'Irlande les zélés imitateurs, qui est en crise. Cette crise ne peut être surmontée que par la rupture avec ce modèle.

L'analyse des causes de la crise montre que, au-delà de nécessaires réglementations financières et bancaires, il n'y aura pas de rupture avec ce capitalisme financiarisé sans une remise en cause du partage des revenus, ce qui implique une revalorisation des revenus des fractions les plus exposées du salariat. La protection du travail industriel à faible et moyenne qualifications est une condition de la stabilité de la demande intérieure si l'on veut éviter l'endettement excessif des ménages. Cela ne sera pas possible sans le recours assumé à des politiques de relocalisation de l'activité reposant notamment sur des mesures de contrôle des capitaux ainsi que des échanges commerciaux soumis à des normes sociales et écologiques.

8 Le système se rapproche-t-il de ses limites ?

La simultanéité actuelle de la crise financière, de la crise écologique, de la crise sociale et de la crise alimentaire rappelle de manière salutaire que le capitalisme n'est pas seulement une forme d'organisation de l'économie. Il est une forme de civilisation, ou de décivilisation, qui implique des manières quotidiennes de vivre, des représentations, et en particulier un rapport singulier à la nature et à l'environnement. Dès son origine, il est à la fois un processus d'appropriation et d'expropriation, que Marx nommait « accumulation primitive[1] ». Ce mouvement a commencé en Angleterre par l'expropriation de la terre avec la privatisation des « communs » et il s'est poursuivi par l'obligation pour les populations ainsi expropriées de se soumettre au travail salarié.

Après cette période d'expropriation violente, il fut toutefois contenu par des réglementations, des normes sociales et des lois, et par la construction de l'État social à partir de la fin du XIXe siècle. Karl Polanyi montre dans son ouvrage majeur, *La Grande Transformation*, comment le travail et la terre sont des marchandises particulières, des marchandises fictives, car elles n'ont pas été produites pour être vendues et qu'elles représentent

---

1 Voir notamment K. MARX, *Le Capital*, Livre I, 1867, huitième section, « L'accumulation primitive », Gallimard, La Pléiade, Paris, tome I, 1965.

la substance même de la société. La transformation de la nature et du travail en marchandises, c'est-à-dire l'accomplissement de la fiction du marché autorégulateur, reviendrait à détruire les capacités de reproduction des sociétés elles-mêmes : « Abandonner le destin du sol et des hommes au marché équivaudrait à les anéantir[2]. »

Or, précisément, le néolibéralisme peut être lu comme l'idéologie qui a sous-tendu et sous-tend l'expropriation continue et systématique de l'ensemble des biens communs, l'eau, l'énergie, le vivant et sa capacité de reproduction. De même, la terre est aujourd'hui l'objet d'un nouveau mouvement d'accaparement par des États ou des firmes transnationales[3], au mépris des populations paysannes et de l'agriculture vivrière, pourtant si nécessaire au moment où la crise alimentaire porte à près d'un milliard les personnes qui ne mangent pas à leur faim. Le récent rapport d'Olivier De Schutter, rapporteur spécial des Nations unies pour le droit à l'alimentation, souligne les effets désastreux des politiques de libéralisation des marchés agricoles et de transformation des produits agricoles en produits financiers. Ce mouvement d'expropriation s'est étendu aux systèmes de protection sociale et aux solidarités collectives, aux biens communs construits par les sociétés pour se protéger des effets d'une marchandisation généralisée. La déréglementation du marché du travail, l'idéologie productiviste du « travailler plus pour gagner plus », la concurrence étendue à l'ensemble de la planète livrée à la loi du libre-échange, la prédation sans limites des ressources naturelles tendent à réaliser l'utopie macabre du travail et de la nature devenus effectivement marchandises comme les autres.

Les luttes sociales, les résistances de classe avaient imposé au capitalisme des limites normatives, sociales, institutionnelles, qui entravaient son libre développement et son ensauvagement. Le néolibéralisme s'est construit sur l'abolition de ces limites ou leur affaiblissement considérable. Il fut la réponse à la crise du capitalisme qui se manifeste dès les années 1970. De nombreuses

---

2 Karl Polanyi, *La Grande Transformation. Aux origines politiques et économiques de notre temps*, 1944, Gallimard, Paris, 1983, p. 188.

3 Voir l'étude réalisée par GRAIN, disponible sur http://www.grain.org.

études avaient alors analysé les ressorts de cette crise d'accumulation : crise du fordisme, crise de suraccumulation avec baisse de la rentabilité du capital, crise des régulations nationales de type keynésien dans un monde internationalisé. Mais cette crise était déjà aussi une crise de la politique de croissance et du productivisme, crise des sociétés organisées autour de la production-consommation de masse et de la transformation des désirs en besoins solvables. Les conséquences écologiques globales de la politique de croissance et du productivisme, la gigantesque consommation de ressources énergétiques et minéralogiques qu'ils occasionnent furent exposées dans le rapport Meadows du Club de Rome en 1972 (*Halte à la croissance*), ou encore lors du sommet de Stockholm des Nations unies en 1972 (*Nous n'avons qu'une terre*). Une nouvelle sensibilité planétaire aux questions environnementales est alors en train de naître. Elle s'accompagne d'une réflexion particulière sur l'écologie politique, d'une théorie critique des besoins qui radicalise la critique du capitalisme[4] et se manifeste par l'émergence de mouvements écologistes.

La profondeur de la crise sociale des années 1980 a réactualisé la question sociale, sous des formes diverses, comme fin du « compromis fordiste » et reconnaissance de la lutte des classes ou encore comme « nouvelle question sociale ». La question sociale a alors occupé le centre des résistances et des luttes de transformation sociale, souvent défensives, les autres préoccupations apparaissant comme secondaires et périphériques au vu de l'urgence sociale. Elle s'est heurtée à l'idéologie néolibérale, résumée par Margaret Thatcher avec sa formule célèbre, « la société n'existe pas », et à la promesse, accueillie avec des variantes par l'ensemble des élites politiques et économiques dominantes, d'un monde délivré de la pauvreté et de la guerre avec le libre-échange généralisé, la déréglementation financière et l'espoir d'une croissance retrouvée. Mais les politiques néolibérales et la globalisation économique, en étendant ce mode productiviste à l'ensemble de la planète, ont accru et accéléré la

4 Voir André Gorz, *Écologie et politique*, Galilée, Paris, 1975, ou encore Guy Debord, *La Planète malade*, Gallimard, Paris, 1971.

pression sur les ressources à un point inimaginable. La globalisation économique, en s'attaquant à toutes les limites s'opposant à la marchandisation et à la croissance infinies, a paradoxalement révélé les limites écologiques du monde.

La simultanéité de l'explosion des déséquilibres financiers, sociaux, agricoles, écologiques n'est pas un hasard de calendrier, mais le signe des limites atteintes par un système qui a imposé la logique économique de rentabilité à court terme à l'ensemble des sociétés et qui a soumis ou tenté de soumettre l'ensemble des champs de la vie sociale à la logique économique. En ce sens, la crise actuelle est bien plus qu'une crise économique, elle est une crise de la domination de l'économie sur l'ensemble de la vie sociale et politique, domination que le néolibéralisme a portée à son extrême en en faisant un véritable projet politique.

Dans le cadre de la pensée de la gauche « progressiste » au sens large et pour les mouvements qu'elle a inspirés, les crises ont généralement été vues comme le fruit des contradictions internes au capitalisme, notamment la contradiction entre capital et travail. La question sociale, à travers laquelle sont posés les conflits entre le capital et le travail, a été considérée non seulement comme prioritaire, mais comme exclusive et suffisante pour assurer les transformations sociales. La lutte, légitime et nécessaire, contre les déterminismes naturalistes et l'assignation à des lois « naturelles » a également conduit à oublier les limites naturelles, externes à l'expansion capitaliste et à sous-estimer la dépendance de toutes les formes d'économie par rapport à des conditions naturelles, qui nécessite une approche bioéconomique des activités humaines[5]. L'idée de limite s'y trouve encore souvent congédiée et versée au rayon des théories réactionnaires ou des ruses du « grand capital ». Plus concrètement, l'essentiel du mouvement ouvrier organisé a davantage critiqué le capitalisme comme frein à l'expansion des forces productives, dont il réclamait le plus souvent l'accélération, que le contenu de la production elle-même. Il fut guidé en cela par l'espoir d'une possible délivrance des humains du joug de la nécessité dans une société d'abondance.

---

5 René Passet, *L'Économique et le vivant*, Paris, Payot, 1979, 2e éd. Economica, 1996.

Voilà pourquoi reconnaître la gravité de la crise écologique est une chose aujourd'hui largement acquise, mettre au cœur des projets de société l'idée de limite à l'expansion infinie de la production de richesses matérielles en est une autre. Cela suppose de se délivrer de l'espoir de transcender encore ces limites écologiques avec des inventions techniques, dont nous savons qu'elles ne font souvent que les repousser, tout en aggravant la dégradation sociale et environnementale – l'exemple des agrocarburants est à ce propos particulièrement éclairant. Mais cela suppose aussi de se défaire de la représentation libérale de l'idée de limite, conçue comme frein à la liberté, alors que le monde néolibéral nous impose en même temps, et au nom de cette même liberté, un monde clos dans lequel il ne saurait y avoir d'alternative sociale et politique. Se priver de ces approches reviendrait à s'en remettre à la tyrannie du court terme, en laissant s'accumuler des déséquilibres et des situations irréversibles, qui empêchent ensuite de penser l'avenir, de retrouver un horizon commun, et qui condamnent la politique à gérer le présent, reproduisant la logique économique du *just in time*.

L'urgence sociale ne doit pas éluder la nécessité d'une transition, dès aujourd'hui, vers un système écologiquement soutenable. La focalisation actuelle sur la production d'énergies renouvelables, certes nécessaire, ne devrait pas éclipser l'objectif de sobriété énergétique, sans lequel les objectifs ne pourront être tenus. Mais comment ? La croissance verte ou le capitalisme vert, avec la focalisation sur la production d'énergies renouvelables, sur la voiture électrique et autres procédés techniques, laisse penser que la crise actuelle pourrait être dépassée grâce à un nouveau paradigme technologique, fondé sur d'autres sources d'énergie après ce que furent le charbon et le pétrole, grâce donc à une révolution industrielle capable de créer des emplois et de repartir sur un nouveau cycle long de croissance.

Combattre cette illusion technologique ne signifie en rien l'abandon des procédés techniques dont nous avons besoin dès aujourd'hui pour sortir de l'ornière et reconstruire un horizon ; c'est faire sauter le verrou qui empêche d'assumer pleinement les origines politiques et sociales de l'effondrement que nous vivons, à l'échelle planétaire. En effet, les énergies renouvelables ne permettront pas, à supposer que cela soit souhaitable, l'extension de la consommation énergétique moyenne des États-Unis ou même de l'Europe à l'ensemble du monde. Et la fée Électricité ne supprimera pas le fait que la voiture électrique suppose toujours des routes, autoroutes, parkings, matériaux et... électricité ! Selon une étude réalisée par le cabinet Sia Conseil, le développement de la voiture électrique en France pourrait entraîner, d'ici à 2020, un besoin annuel en énergie correspondant à la production d'un à deux réacteurs EPR, selon les modes de rechargement des véhicules[6] (voir encadré 1).

La crise sociale et la crise environnementale ne sont pas les conséquences d'une crise économique qui aurait sa propre logique interne, coupée de la société et de son environnement ; elles sont les composantes d'une crise globale qui est celle d'un modèle de société ayant fait de l'organisation économique, ici la lutte pour le profit et la rentabilité immédiats, l'essence des sociétés. La crise actuelle illustre à quel point le processus capitaliste d'expropriation est allé jusqu'aux entrailles des sociétés, soumettant le travail, les ressources naturelles et l'environnement à la dure loi du profit, détruisant les activités humaines et transformant leur milieu en désert. Elle est la crise de la tentative de transformation des sociétés en sociétés guidées par l'appât du gain et la lutte pour la survie, et unifiées par des relations marchandes. La pleine réalisation de cette prophétie libérale anéantirait les capacités politiques d'invention et de création sociale, et transformerait les naufragés du système en « victimes » d'une loi économique posée comme transcendante, privées de toute capacité politique et condamnées à se défendre pour survivre. La destruction des limites sociales, éthiques, écologiques, politiques à l'expansion capitaliste est à la source de la crise actuelle ; elle a pris la forme de la destruction ou de la remise en cause planétaire des droits humains, des droits sociaux et politiques.

---

6 Voir « L'essor de la voiture électrique en France pourrait nécessiter la construction d'un EPR », *Les Échos*, 26 décembre 2008, disponible sur http://www.lesechos.fr.

Encadré 1 Automobile : quelle crise ?

La crise de l'industrie automobile est une illustration éclairante de la globalité de la crise. C'est l'augmentation du prix du baril, particulièrement marquée en 2007 et sur les premiers mois de 2008, qui a été le premier détonateur de la crise du secteur, illustrée par la réduction importante des demandes de 4 × 4 aux États-Unis notamment et la fermeture de plusieurs usines Ford et General Motors dès avril 2008. La flambée des cours avait des origines spéculatives du fait de la tendance haussière de ce marché, mais il n'en reste pas moins que toute reprise de la croissance au niveau mondial fera apparaître à nouveau des tensions à la hausse sur le prix du baril. À cela s'ajoute la pression sur les revenus salariaux, qui tend à rétracter la demande et à l'orienter vers des modèles plus réduits, soumettant l'industrie automobile à la concurrence des producteurs asiatiques, japonais notamment.

L'éclatement de la crise financière a précipité la situation dans la mesure où la crise des *subprimes* a mis un cran d'arrêt à la politique d'endettement continu gagé sur des biens acquis. En France, les premières entreprises du CAC 40 à décrocher furent significativement celles du secteur automobile. La crise de l'automobile est donc bien davantage que la crise d'une industrie qui fut la branche motrice de la croissance d'après-guerre. Son expansion a engendré un modèle d'urbanisation et de consommation centré sur l'individualisation des vies et fondé sur l'abondance supposée du pétrole. La crise climatique et les nécessités de réduction des émissions de gaz à effet de serre, les perspectives d'épuisement des ressources en pétrole sont désormais des questions publiques, qui conduisent à remettre en cause ce modèle de développement, longtemps assimilé au progrès. La chute actuelle des prix de l'immobilier est plus forte à la périphérie des villes. Cela illustre comment le coût des transports privés, cumulé à leur engorgement qui freine la mobilité, modifie le rapport à l'automobile et au transport privé, même si les ménages, et surtout les plus pauvres habitant les périphéries toujours plus lointaines, restent contraints vis-à-vis de l'automobile car les déplacements professionnels ont eu tendance à s'allonger au nom de l'hypermobilité.

Cette crise n'est donc pas passagère ; elle suppose d'envisager dès maintenant, et en même temps, la restructuration et la reconversion du secteur automobile et la transition vers des modes collectifs de transport. La priorité à la production de véhicules moins polluants ne saurait en effet suffire à réduire significativement les émissions de gaz à effet de serre, sans une diminution des transports individuels. De même la production de voitures dites *low cost*, type Dacia Logan, dans un souci affiché de « démocratisation » planétaire de l'automobile, s'avère finalement plus coûteuse à l'usage pour le consommateur et particulièrement polluante[7]. Le modèle à exporter, pour assurer le droit à la mobilité pour tous, n'est-il pas plutôt celui choisi par plusieurs grandes villes de pays du Sud qui, sans nier l'automobile individuelle, mettent au cœur des transports des systèmes souples et efficaces de transport collectif ? Nous pensons ici à Ho-Chi-Minh-Ville au Vietnam, ou encore à des villes comme Curitiba au Brésil.

Les plans actuels de sauvetage du secteur, même s'ils mettent en avant des innovations technologiques pour améliorer l'efficacité énergétique, ne sauraient être acceptables s'ils se traduisent essentiellement, comme c'est le cas pour Chrysler aux États-Unis, par la mise en chômage ou la baisse drastique des salaires alignés sur les moins-disants du secteur. Une telle politique constitue un désastre social immédiat sans poser les conditions d'une véritable réorientation de cette industrie.

Mais, loin de désarmer, nos néolibéraux enfourchent désormais la crise écologique elle-même pour en faire une nouvelle « opportunité » de croissance économique et de valorisation financière, une écologie de marché. Ils sont nombreux désormais à se revendiquer d'un « keynésianisme vert », après avoir encouragé la régression des politiques publiques depuis trente ans. Elles consistent essentiellement à sauvegarder les possibilités d'accumulation du capital, à perpétuer le système des besoins qui la rend possible, à subordonner l'intérêt commun aux intérêts privés, au mépris des droits sociaux élémentaires et des exigences de redistribution des ressources à l'échelle de la planète. S'il y a des limites à l'expansion infinie de la production, il n'y a pas de limite *a priori* à la capacité et à la volonté de domination du capital. C'est précisément à l'ensemble des mouvements sociaux de poser ces limites et d'insuffler à la crise écologique et sociale sa capacité subversive, en en faisant collectivement un des leviers

---

7 Voir le dossier de GLOBAL CHANCE, *Vers la sortie de la route*, n° 26, janvier 2009.

pour réactualiser des formes de lutte et de résistance, pour proposer des alternatives, capables d'articuler les urgences du présent et les choix politiques pour le futur. Cela suppose de définir collectivement les choix d'autolimitation qui s'imposent pour reconstruire un projet social et politique, qui passe par la redistribution des richesses et la redéfinition des droits, à l'échelle des États et au niveau international.

9 Propositions pour articuler les objectifs sociaux et écologiques

La critique est aisée, mais l'art est difficile, disait l'académicien Philippe Destouches. Cette maxime s'appliquerait-elle à ce livre ? L'intention de ses auteurs est bien de prendre appui sur les leçons fournies par la crise qui secoue le capitalisme pour mettre en discussion des propositions dont la cohérence pourrait dessiner des pistes alternatives à la logique du profit et de la concurrence, qui a peu à peu gangrené l'ensemble de l'économie mondiale et des sociétés.

Devant l'ampleur de la crise, les autorités monétaires et politiques ont, depuis l'été 2007, accumulé des décisions qui ne sont pas parvenues à endiguer le désastre touchant le secteur bancaire et financier, puis le système productif lui-même. À notre sens, la raison principale tient à l'incompréhension générale de cette crise par des classes dominantes qui n'entendent pas renoncer aux privilèges que leur procure le néolibéralisme. Les propositions faites dans ce livre visent au contraire à en préparer le dépassement.

L'impuissance des autorités monétaires et politiques

La crise couvait depuis plusieurs mois, mais ce n'est qu'en août 2007 qu'elle a fait brutalement irruption et obligé les banques centrales et les gouvernements à intervenir massivement, comme jamais ils ne l'avaient fait en trois décennies de néolibéralisme. Incapables de discerner d'emblée qu'ils avaient affaire à une crise plus systémique que conjoncturelle, ils ont constamment couru après les débordements successifs de cette crise, de l'immobilier aux banques, des banques à toute la finance, de la finance à la production. Trois phases d'interventions publiques se sont succédé depuis le début de la crise.

D'août 2007 à août 2008, les banques centrales ont tenté de colmater les brèches ouvertes à deux niveaux. D'abord, il s'agissait de faire face à la crise de liquidité qui voyait les banques interrompre les prêts qu'elles s'accordent normalement entre elles. Pendant plusieurs mois, la Fed, la BCE et, à un moindre degré, la Banque du Japon et la Banque d'Angleterre ont injecté des centaines de milliards de dollars, d'euros, de yens et de livres sterling dans les circuits financiers. La concertation entre elles s'est arrêtée là, car elles n'ont pas eu la même attitude en ce qui concerne leurs taux directeurs. La Fed a vite compris la nécessité de baisser le sien : fixé à 5,25 % en août 2007, il a été ramené à presque 0 % en un peu plus d'un an. De son côté, la Banque d'Angleterre a, le 8 janvier 2009, fixé pour la première fois de son histoire son taux à 1,5 %. Mais la BCE, s'obstinant à faire de la lutte contre l'inflation sa priorité, a au contraire compensé sa largesse en termes de liquidités injectées directement par une remontée de son taux : en juillet 2008, elle le remontait à 4,25 %. Ce n'est qu'à l'automne suivant qu'elle s'est résolue à faire marche arrière, en plusieurs temps, pour le réduire à 2,5 % en décembre 2008 et à 1,5 % au début de 2009.

Les États viennent à la rescousse des banques centrales

Devant de tels atermoiements, et surtout à cause de l'inefficacité des mesures pour empêcher le déclenchement de faillites bancaires, les États ont dû progressivement prendre la main. Le gouvernement américain a fait en sorte que Bear Stearns, mise en faillite en mars 2008, soit rachetée à bas prix par JP Morgan Chase. Faisant le choix de laisser tomber Lehman Brothers, ce qui allait déclencher l'escalade de la crise financière en septembre, l'État fédéral a procédé à la nationalisation des deux institutions spécialisées dans le crédit hypothécaire immobilier,

Fannie Mae et Freddie Mac, pour la bagatelle de 200 milliards de dollars, ainsi que l'assureur American International Group (AIG) pour 85 milliards, tandis qu'en Allemagne les dettes de Hypo Real Estate étaient rachetées pour 100 milliards.

Au Royaume-Uni, après la nationalisation, en février 2008, de Northern Rock, spécialisée dans les prêts immobiliers, les huit principales banques britanniques[1] ont été à leur tour partiellement nationalisées en octobre. La recapitalisation pour une valeur de 50 milliards de livres a été accompagnée de l'ouverture d'une ligne de crédit de 200 milliards de livres.

Dans le reste de l'Europe, la banque Dexia, spécialisée dans le financement des équipements collectifs et les services au secteur public local, touchée par la crise des *subprimes*, a été sauvée le 29 septembre 2008 par la décision des gouvernements belge, français et luxembourgeois d'injecter 6,4 milliards d'euros de capital. Quelques jours après, ces mêmes gouvernements ramassaient au bord du gouffre l'assureur Fortis en entrant dans son capital à hauteur de 49 % pour 11,2 milliards d'euros.

Au vu d'une crise sans précédent depuis quatre-vingts ans, l'administration Bush finissante a réussi à faire adopter le plan Paulson, qui prévoit 840 milliards de dollars pour recapitaliser les banques et leur racheter des créances douteuses. Mais, devant les difficultés à le faire adopter dans les mêmes termes par le Congrès et, à cause du bond en avant du déficit du budget fédéral et de la dette publique que ce plan va occasionner, le plan Paulson a dû être révisé en attendant les mesures de la nouvelle administration Obama.

Dans le même temps, les pays membres de l'Union européenne, ignorant une Commission européenne totalement muette depuis le début de la crise et forçant la BCE à abandonner sa posture inadéquate, ont adopté un plan de sauvetage de 1 700 milliards d'euros pour recapitaliser les banques et garantir les prêts interbancaires. À l'intérieur de ce plan, la France a prévu une ligne de 360 milliards, dont 40 pour la recapitalisation

1 Il s'agit de Abbey (appartenant à Santander, banque espagnole), Barclays, HBOS, Lloyds TSB, HSBC, Nationwide Building Society, Royal Bank of Scotland et Standard Chartered.

éventuelle et 320 pour garantir les prêts interbancaires. En octobre 2008, l'État français a versé 10,5 milliards d'euros à six banques[2] et encore autant en 2009.

Des deux côtés de l'Atlantique, les mêmes critiques ont été formulées. D'une part, bien que les gouvernements aient juré qu'ils n'augmenteraient pas les impôts pour sauver les banques, les emprunts sur les marchés financiers, après avoir grossi la dette publique, devront être remboursés et, alors, en l'absence de réformes de la fiscalité, les prélèvements pèseront relativement peu sur les classes riches. Mais, surtout, d'autre part, aucune contrepartie n'a été exigée des banques bénéficiant de la manne publique. Rien n'a été prévu aux États-Unis pour venir en aide aux ménages ayant perdu leur logement dans la crise des *subprimes*. En Europe, particulièrement en France, la recapitalisation des banques a été faite sans que l'État puisse entrer dans les conseils d'administration pour infléchir la politique de crédit[3].

Les plans de relance ne parviennent pas à empêcher la récession

La cascade de faillites bancaires, à peine contenues, laissait présager que la sphère productive serait rapidement affectée. C'est maintenant chose faite. La récession, aux États-Unis et dans la plupart des pays européens, ainsi que l'annonce du recul très net de la croissance dans les pays émergents, dont la Chine, ont amené les États à passer à une troisième phase de plans de sauvetage. Après l'action des banques centrales pour fournir de la liquidité en abondance, après le sauvetage des banques en perdition par les États, ceux-ci ont adopté des plans de relance de l'économie.

Les premiers à réagir furent les États-Unis : un plan de relance de 800 milliards de dollars a été annoncé. À ce jour, sont sur la sellette une quinzaine de milliards de dollars pour remettre

---

2 Crédit agricole : 3 milliards, BNP Paribas : 2,55 milliards, Société générale : 1,7 milliard, Crédit mutuel : 1,2 milliard, Caisse d'épargne : 1,1 milliard, Banque populaire : 950 millions.

3 Le plan français a apporté des ressources stables aux banques sous forme de « dette subordonnée », qui sont des « quasi-fonds propres ». Le gouvernement a ainsi évité de nationaliser une partie du capital des banques, et n'est donc pas entré dans leur conseil d'administration.

en selle les trois grands constructeurs automobiles américains, au bord de la cessation de paiement : Chrysler, Ford et General Motors. De son côté, l'Union européenne s'est rangée à l'idée de venir au secours de l'économie grâce à 200 milliards d'euros. Mais ce plan de relance souffre d'au moins deux défauts. Il ne possède aucun caractère européen puisque la responsabilité de lutter contre la récession est laissée à chaque État national[4], le budget européen restant figé à un peu plus de 1 % du PIB européen. On a vu à cette occasion combien la concurrence entre les pays dominants de l'Europe (Allemagne et France) ou le mépris affiché à l'égard des pays plus pauvres du continent l'emportaient sur la volonté de construire une Union solidaire. Le second défaut de la relance européenne – et celle des États-Unis n'y échappe pas – est d'envisager une relance sans s'interroger sur son bien-fondé : au regard de la crise écologique, faut-il donner un ballon d'oxygène à une industrie automobile en évitant de poser la question de sa reconversion inévitable à moyen terme ?

Les gouvernements essaient de relancer en toute hâte l'économie, abandonnant pour un instant leurs dogmes de rigueur néolibéraux, et semblant renouer avec des principes keynésiens, naguère abhorrés. Que doit penser le mouvement social de cette subite conversion ? Les voies d'un capitalisme vert, d'une croissance verte ou d'un keynésianisme vert sont-elles de bonnes réponses ? La récession qui s'amorce n'est pas d'ordre cyclique. Relancer la machine de manière aveugle, fût-ce pour produire des voitures propres à la place de voitures polluantes, n'est donc pas à la hauteur des enjeux. La perspective qu'une fraction de l'économie répare ce que détruit l'autre enlève toute pertinence à la notion de capitalisme vert. Et cela d'autant plus que ne serait pas remise en cause la profonde inégalité des revenus et de l'accès aux ressources naturelles.

Puisque la crise n'est pas seulement financière, mais qu'elle est globale, montrant que le modèle de développement fondé sur l'accumulation du capital a épuisé sa promesse de lendemains meilleurs, une régulation de type keynésien promouvant

4 Voir Attac, *L'Europe à quitte ou double, op. cit.*

des politiques budgétaire et monétaire sera nécessaire à court terme, mais demandera à être immédiatement englobée dans une perspective plus large. Perspective mondiale, d'abord, alors que chaque État tente maintenant de tirer son épingle du jeu au détriment du voisin. Perspective systémique, ensuite, en termes de répartition des richesses, de socialisation des moyens de les produire et de mode de développement humain.

Imposer une nouvelle logique

Les politiques décidées en urgence par les autorités monétaires et politiques ont permis d'éviter un effondrement général des systèmes bancaires et financiers. Mais elles apparaissent impuissantes à endiguer la crise économique. Et, surtout, elles ne s'attaquent pas aux racines de la crise en ne remettant pas en cause la logique inégalitaire et prédatrice du capitalisme. Plus que jamais, des politiques alternatives s'imposent pour rompre avec le système économique qui a conduit à cette crise globale.

Ces politiques doivent s'articuler autour de deux axes principaux : d'une part, remettre la finance à sa place, c'est-à-dire la mettre au service de l'humanité, et non l'inverse. D'autre part, donner la priorité au social et à l'écologie, en articulant ces deux dimensions qui constituent les fondements de cet autre monde que nous voulons promouvoir. Certaines mesures sont urgentes et doivent être prises immédiatement pour amorcer la sortie de crise. D'autres s'inscrivent dans une temporalité plus longue ; leur objectif est de transformer en profondeur l'appareil productif ainsi que les rapports des hommes et des peuples entre eux, et avec leur écosystème. Dans tous les cas, il s'agit de mettre en œuvre, en fonction des rapports de force, des politiques de rupture avec la logique néolibérale.

La finance mise au pas

La crise financière, qui a démontré aux yeux de l'opinion le caractère dangereux et non soutenable de la finance libéralisée, constitue un levier puissant pour exiger des changements radicaux[5]. Deux priorités s'imposent à cet égard : mettre en place un pôle bancaire et financier public à l'échelle européenne, et construire une nouvelle architecture financière internationale.

Les gouvernements européens ont apporté des financements publics massifs aux banques pour sauver ces dernières de la faillite. Il en découle que la collectivité publique doit désormais avoir un droit de regard sur le fonctionnement des banques. Nous devons donc exiger la mise en place d'un *pôle financier public européen.*

La monnaie étant un bien public, la création monétaire doit être contrôlée par la collectivité et ne peut être décidée par des acteurs privés en fonction de critères de rentabilité. Le système bancaire ne peut donc être régulé par le marché et la concurrence.

Il est dès lors essentiel que l'ensemble du système bancaire soit socialisé, c'est-à-dire sous contrôle des représentants des citoyens et des salariés. C'est la condition pour que les financements bancaires s'orientent en priorité vers les besoins économiques, sociaux et écologiques prioritaires. Étant donné le degré élevé d'intégration économique et monétaire en Europe, l'espace européen apparaît pertinent pour la constitution de ce pôle financier public.

L'application de ces principes permettrait une politique monétaire fondée sur une dualité de taux d'intérêt : taux bas pour les financements d'investissements créateurs de richesses et d'emploi, taux très élevé pour dissuader les opérations spéculatives. Il est également important que soit à nouveau rendue possible la création monétaire par la banque centrale au profit des États (par une monétisation des déficits publics lorsque ceux-ci seraient nécessaires). Une telle réforme de la politique monétaire implique que soit remise en cause l'indépendance de la BCE par rapport au pouvoir politique.

Deux autres réformes s'imposent à l'échelle de l'Europe pour réduire l'emprise de la finance et redonner des marges de

---

5 En complément de ce livre, on pourra se reporter à la déclaration des ATTAC D'EUROPE, « Le temps est venu : Sortons de l'économie casino ! », 2008, disponible sur http://www.france.attac.org. Voir aussi F. LORDON, *Jusqu'à quand ? Pour en finir avec les crises financières*, Raisons d'agir, Paris, 2008.

manœuvre aux politiques publiques : d'une part, il convient d'abroger l'article 63 du traité de Lisbonne interdisant tout contrôle des mouvements de capitaux, sans préjuger du remplacement complet des traités européens par un nouveau traité démocratique ; d'autre part, il faut supprimer le Pacte de stabilité et de croissance qui a volé en éclats avec la crise, et le remplacer par un Pacte pour l'emploi et l'écologie.

Une organisation alternative de la finance mondiale

Au-delà de l'Europe, la finance néolibérale doit également être remise en cause au niveau mondial. Comme la désintermédiation bancaire n'a eu pour objectif que de faire valoir une exigence de rentabilité de plus en plus élevée sur les marchés financiers internationaux, il faut faire reculer le financement de l'économie par le marché et revenir à un financement bancaire, soit à partir de l'épargne, soit grâce à la création monétaire. Un ensemble de mesures de rupture doivent être décidées, dont certaines immédiatement, qui sont énoncées dans l'encadré 1.

La suppression des paradis fiscaux pourrait être un bon test de la volonté de réglementer la finance internationale de la part de ceux qui nous gouvernent aujourd'hui. Officiellement dénommés « pays et territoires non coopératifs » (PTNC), le GAFI a édicté à leur sujet quarante recommandations et neuf recommandations spéciales relatives au financement du terrorisme. Pourtant, alors que de nombreux rapports, y compris plusieurs du FMI lui-même, évaluent à quelque 13 000 milliards de dollars l'encours détenu dans les paradis fiscaux, il n'y a plus, « officiellement », depuis le 13 octobre 2006, aucun PTNC[6] ! Il est clair que l'absence de solution ne relève pas de difficultés techniques mais d'un défaut de volonté politique, manifestant ainsi le peu de considération dans lequel les biens publics mondiaux sont tenus. On sait très bien ce qu'il faudrait faire pour éradiquer les paradis fiscaux, fléaux de la mondialisation. Deux mesures simples permettraient d'atteindre cet objectif : d'une part, mettre sous contrôle public les organismes de compensation, tels que

---

6 *Cf.* « Liste mise à jour des pays et territoires non coopératifs (PTNC) », disponible sur http://www.fatf-gafi.org.

Engluées dans la défense de l'ordre néolibéral, les institutions de Bretton Woods méritent une refonte complète, en les plaçant tout d'abord sous l'autorité de l'ONU, qui elle-même doit être radicalement réformée [12].

Le monde a besoin d'un Fonds monétaire, garant d'une monnaie internationale au service d'un autre développement, d'une stabilisation des taux de change entre les monnaies en attendant de pouvoir disposer d'une monnaie internationale [13], et qui soit capable de contrôler les mouvements de capitaux. Il a également besoin d'une Banque mondiale au service d'un développement sachant s'inscrire dans une tout autre logique environnementale et au service de l'ensemble de la population mondiale. Ces deux institutions, ainsi que l'Organisation mondiale du commerce et toutes les autres organisations internationales, doivent être placées sous l'autorité effective de l'ONU, dans le cadre d'un véritable multilatéralisme. En premier lieu, les droits de vote, fondés sur les contributions financières, le trop fameux « un dollar, une voix » doivent être revus en profondeur.

En complément des institutions multilatérales, et non en remplacement de celles-ci, des institutions régionales peuvent voir le jour. Ainsi, la Banque du Sud a été créée en 2007 par l'Argentine et le Venezuela, rejoints par le Brésil, la Bolivie, l'Équateur et le Paraguay.

Refonder l'entreprise pour valoriser le travail

Pour desserrer l'étau du rendement financier qui est à la source de la crise que nous traversons, il faut également se tourner vers des formes d'organisation productives plus démocratiques et plus efficaces sur le long terme.

L'enjeu est donc de positionner l'entreprise dans son acception d'entité productive produisant des biens et des services

12 On pourra se reporter à Attac, *Que faire du FMI et de la Banque mondiale ?*, Mille et une nuits, Paris, 2002, et à l'ouvrage à paraître en 2009 qui portera sur le système ONU.

13 Ce peut être quelque chose de différent du bancor proposé par Keynes en 1944, mais le principe d'un rattachement, direct ou indirect, des monnaies, ou de la monnaie unique, à un « panier » de biens et non plus seulement l'or ou, pire, une monnaie particulière est profondément novateur.

au-dessus des différentes parties en présence, alors que, depuis l'avènement du capitalisme, c'est la société au sens juridique du terme qui occupe ce rôle. Il faut donc faire exister cette entreprise (jamais reconnue car toujours recouverte par la société) afin que la source du pouvoir ne puisse plus provenir de la seule propriété des capitaux. La reconnaissance de l'entreprise comme intérêt supérieur permettra aux salariés de disposer de points d'appui pour s'assurer une meilleure représentativité dans les lieux où se joue le pouvoir (implication significative des représentants des salariés dans les conseils d'administration des sociétés par exemple). Le pilotage de la société et de l'entreprise ne pourra alors s'effectuer que sur la base de comptes de gestion distincts (comptes de profit et comptes de valeur ajoutée).

Changer les outils et les critères de performance économique de l'entreprise conduira à ne plus soumettre les travailleurs aux seuls rendements financiers de court terme. L'entreprise ne doit plus être un actif liquide que l'on peut instrumentaliser et désosser pour augmenter les plus-values boursières.

L'identité d'une entreprise, ce qui lui permet de créer des biens et des services, se trouve dans l'agencement particulier de capitaux physiques, humains et immatériels, et non simplement dans la juxtaposition de capitaux financiers. C'est dire que l'actuelle prégnance du court terme se révèle incompatible avec un développement économique s'appuyant sur la recherche, l'innovation et les investissements de longue durée.

La mise en valeur de l'entité « entreprise » permettra de donner des indications sur ce qu'il convient de produire et comment il convient de produire, autrement dit sur les « valeurs d'usage » des biens et des services au sens physique du terme.

L'enjeu n'est donc pas de produire pour produire mais d'ajuster finement et qualitativement la production aux caractéristiques du mode de vie et des besoins de ses destinataires. Les nouveaux modes de pilotage des entreprises, associés au rééquilibrage institutionnel des pouvoirs que nous avons présentés, seront en mesure d'orienter l'action économique vers une nouvelle efficacité productive et sociale, et non plus seulement financière, comme c'est le cas aujourd'hui. La véritable efficacité ne sera plus d'abord quantitative, elle sera prioritairement

« qualitative ». C'est la qualité qui déterminera la quantité. C'est cette qualité, fonction du bien-être vécu par les hommes et les femmes, du « vivre bien », qui sera alors décisive.

Cette nouvelle façon de produire devrait permettre de promouvoir un autre mode de développement plus soutenable écologiquement pour la planète et plus respectueux de la justice sociale pour les hommes et les femmes, sans pour autant sacrifier l'efficacité.

Le social et l'écologie au premier plan

La mise au pas de la finance repose donc sur un contrôle drastique de tous les acteurs bancaires et financiers. Mais elle ne pourrait aboutir sans bousculer simultanément les corollaires de l'emprise financière sur les sociétés. Avec la financiarisation, l'économie mondiale marchait sur la tête. Il faut la remettre sur ses deux pieds : les humains et leur environnement naturel.

Pour une autre répartition des richesses

Nous l'avons vu, l'une des racines de la crise est la dévalorisation de la condition salariale qui a nourri la montée des inégalités, avec un partage des revenus au détriment des salariés et à l'avantage des profits, comme l'illustre l'explosion des dividendes versés aux actionnaires. Il en est résulté une frénésie financière et spéculative qui a saisi tous les acteurs entichés d'« innovations » plus destructrices que créatrices[14]. Et le surendettement des ménages, au cœur de la crise américaine, est directement lié aux pressions exercées sur le pouvoir d'achat des salaires. Aussi, une remise en cause radicale de la distribution des revenus est-elle une priorité pour rompre avec la logique du capitalisme financier. L'objectif doit être une répartition des gains de productivité à l'avantage de tous les travailleurs et des investissements nécessaires à la réorientation des choix de production et de consommation, ce qui conduira à réduire considérablement la part des profits financiers. Une priorité de la

---

14 Allusion à la célèbre expression de l'économiste autrichien Schumpeter qui définissait le progrès économique comme celui permis par les destructions créatrices (les diligences remplacées par le chemin de fer).

lutte contre les inégalités reste la résorption de l'écart des salaires entre hommes et femmes.

Plusieurs mesures permettraient d'amorcer la rupture nécessaire (voir encadré 2). C'est en premier lieu la fixation d'un revenu maximum versé dans les entreprises, de sorte que la fourchette des revenus distribués reste entre 1 à 4 ou 5. La fiscalité sur les revenus, avec la création de taux d'imposition fortement progressifs, égaux à 100 % dans les tranches supérieures[15]. De même, une taxation différenciée des profits selon leur utilisation, avec une taxation plus élevée sur les profits distribués aux actionnaires sous forme de dividendes auxquels s'ajoutent les plus-values boursières[16], et moins élevée pour les profits destinés à financer des investissements dont le contenu social (emploi) et écologique est meilleur.

Une autre mesure est l'utilisation des gains de productivité pour réduire le temps de travail, afin de répartir la charge sur tous ceux qui peuvent et souhaitent occuper un emploi, au regard des besoins en investissements à mettre en œuvre pour une économie non productiviste. La possibilité doit être donnée à celles et ceux qui le souhaitent de passer d'un travail à temps partiel à un temps complet.

À l'échelle internationale, la revalorisation du travail implique l'abandon du dogme du libre-échange et la soumission des échanges internationaux aux normes sociales et écologiques, élaborées en collaboration avec les syndicats et associations des pays et régions concernés ; dans ce cadre, un contrôle strict du respect de ces normes serait instauré aux frontières de l'Union européenne, pendant que des accords de coopération avec les pays du Sud permettraient à ceux-ci de recouvrer leur souveraineté alimentaire.

---

15 Le gouvernement travailliste de Gordon Brown a décidé d'augmenter fortement la progressivité de l'impôt sur les revenus en Grande-Bretagne. Ce qui est un signal intéressant et peut constituer un point d'appui pour nos revendications à ce sujet.

16 La somme des dividendes et des plus-values boursières donne la rémunération actionnariale totale (*total shareholder return*). Pour plafonner cette dernière, F. Lordon a proposé le SLAM (*shareholder limited authorized margin* ou marge actionnariale limite autorisée), dans « Une mesure contre la démesure de la finance : le SLAM », *Le Monde diplomatique*, février 2007

Encadré 2 Mesures de revalorisation du travail et de lutte contre les inégalités

- Suppression des stock-options.
- Fixation dans chaque pays d'un salaire minimum au moins égal à 60 % du revenu médian, considéré comme le seuil de pauvreté monétaire.
- Instauration d'un revenu garanti pour tous, assorti d'une protection sociale attachée à la personne et non à la situation professionnelle.
- Application de toutes les normes ratifiées au sein de l'Organisation internationale du travail[17] ainsi que de la Convention pour l'élimination de toutes les formes de discrimination envers les femmes.
- Interdiction des licenciements et des délocalisations dans les entreprises qui font des bénéfices.
- Annulation de toutes les réformes des systèmes d'assurance maladie et de retraites ayant organisé le glissement vers la couverture individuelle et la capitalisation, et restauration de systèmes collectifs solidaires et égalitaires.
- Annulation de toutes les privatisations des services publics déjà effectuées et mise hors marché et hors concurrence de la culture, de l'enseignement, de la recherche, de la santé, de l'énergie, de la distribution de l'eau et de tous les biens communs de l'humanité.
- Création d'un service public du logement pour mettre fin à la spéculation immobilière et foncière.

Pour une maîtrise collective du cadre de la vie humaine

Le second volet de ce réordonnancement du monde porte sur l'écologie. Il doit s'inspirer des mêmes principes que ceux énoncés précédemment, c'est-à-dire essentiellement visant à retrouver la maîtrise collective de ce qui constitue le cadre de la vie humaine. À cet égard, le protocole de Kyôto signé en 1997, les négociations en cours pour préparer sa suite et le plan Climat-énergie de l'Union européenne augurent mal d'une réelle prise en compte de la crise écologique et des dangers du réchauffement climatique. Il est essentiel d'assurer la prééminence du

17 OIT, http://www.ilo.org.

politique pour définir les normes réglementaires devant être fixées en matière d'émissions de gaz à effet de serre ou de tout autre polluant : l'utilisation éventuelle de permis d'émission ne peut se faire en allouant gratuitement les quotas ni sans contrôle *a posteriori* et sanctions en cas de non-respect ; cette utilisation ne saurait en outre remplacer des taxes à l'énergie consommée pour compléter la panoplie des outils économiques utilisés, une fois prise la décision politique de fixation de normes.

Les propositions que nous avançons concernent en premier lieu le cadre institutionnel à instaurer et les mesures d'urgence à prendre (encadré 3). Nous voulons aussi mettre en avant l'objectif de relocalisation des activités, comme facteur de transformation structurant crucial. La relocalisation est en effet en rupture avec la mondialisation néolibérale qui abolit les territoires et donc dévalorise notre cadre de vie. La relocalisation d'activités, tant dans les pays les plus développés que dans le reste du monde, permet de soutenir l'emploi et les équilibres sociaux (entre villes et campagnes, entre catégories socioprofessionnelles, entre générations, etc.), de diminuer significativement les transports de marchandises, et de permettre à tout être humain de vivre sur son territoire s'il le souhaite. La fiscalité peut être, à nouveau, un levier efficace, par exemple avec les taxes « kilométriques » sur les transports (en fonction des distances parcourues) et la taxation différenciée sur les producteurs en fonction des économies réalisées (énergie, emballages, qualité et durée de vie des produits). L'un des vecteurs de la relocalisation est le développement de l'économie sociale (coopératives, associations pour le maintien d'une agriculture paysanne – AMAP –, etc.) qui permet d'instituer de nouvelles relations entre producteurs, salariés et usagers. La relocalisation peut également être une source de développement des énergies renouvelables, avec pour objectif la diminution de la consommation énergétique dans l'industrie, l'agriculture, le transport et l'habitat, et la réduction les émissions de gaz à effet de serre.

Encadré 3 Propositions institutionnelles et mesures d'urgence

- Création d'une Organisation mondiale de l'environnement dans le cadre des Nations unies.
- Reconnaissance et réparation de la dette écologique des pays les plus développés, ainsi que du pillage des ressources des pays dominés.
- Création d'un fonds global de financement pour le climat sous l'égide de la convention des Nations unies pour le changement climatique (et non de la Banque mondiale), afin d'assurer les transferts financiers nécessaires.
- Inclusion, dans le processus des négociations sur le climat, du Forum international des peuples indigènes (International Indigenous People Forum on Climate Change-IIPFC), dont les droits se trouvent niés par les dispositions prévues concernant la lutte contre la déforestation (Ressources pour le développement durable-REDD).
- Programme contraignant et différencié de réduction des émissions de gaz à effet de serre, avec une division par quatre au minimum d'ici 2050 pour les pays développés sur leur propre territoire.
- Interdiction du brevetage du vivant et abrogation de la directive européenne 98-44 CE qui l'autorise.
- Extension de la directive européenne REACH à l'ensemble des produits toxiques.
- Application du protocole de Carthagène, qui permet d'interdire l'importation de semences et d'animaux transgéniques, et de maintenir les organismes génétiquement modifiés (OGM) en milieu strictement confiné pour des applications de recherche fondamentale ou pour des usages médicaux.
- Application de la Convention sur la diversité biologique (1992).
- Application de la Convention de Bâle (1993) sur les mouvements transfrontaliers et l'élimination des déchets.

Une autre conception de la richesse

La crise financière aura eu moins un mérite, celui d'apporter à ceux qui en doutaient la preuve de l'incapacité de la sphère financière à créer de la vraie richesse. Cette crise réactualise une vieille leçon de l'économie politique : le capital ne peut se valoriser sans exploiter la force de travail.

Si nous avons fait du partage de la richesse la pierre de touche de la lutte contre l'emprise de la finance sur les sociétés, c'est pour mieux dire que le contenu de cette richesse n'est pas indifférent[18]. À l'accumulation infinie de marchandises proposée par le capitalisme comme horizon de l'humanité et comme moyen d'épanouissement, nous opposons une redéfinition des finalités du travail, de la production pour parvenir à un développement humain qui soit, à très long terme, véritablement soutenable socialement et écologiquement. Il y va de la diminution de notre empreinte écologique et d'une répartition juste des ressources naturelles entre tous les êtres humains présents et à venir.

Plusieurs pistes doivent être explorées : c'est d'abord la priorité à la production de biens et services utiles et durables sur ceux dont l'unique raison d'être est le profit par un renouvellement accéléré ; en d'autres termes, la priorité à la valeur d'usage (au bon usage) sur la valeur d'échange. C'est ensuite la réhabilitation des productions non marchandes répondant à des besoins sociaux (par exemple, fort besoin de services d'accueil de la petite enfance, services d'aide aux personnes dépendantes), délégitimées par les politiques néolibérales parce que le coût et le paiement sont socialisés[19], tant au niveau global (éducation, santé) que local (services collectifs municipaux ou régionaux et associatifs). C'est, en troisième lieu, la déconnexion progressive du développement qualitatif vis-à-vis de la croissance économique par la discrimination entre les productions devant être réduites et celles dont l'augmentation sera nécessaire, tant dans les pays riches que dans les pays pauvres[20]. Cette approche alternative de la richesse appelle une diversification des indicateurs de bien-être et de santé sociale, notamment sur le niveau d'égalité entre les hommes et les femmes, à côté des indicateurs purement économiques tels que le PIB[21].

---

18 Pour employer une image pâtissière, nous ne voulons pas partager n'importe quel gâteau : sa recette nous importe.

19 Voir J.-M. Harribey, « Les vertus oubliées de l'activité non marchande », *Le Monde diplomatique*, novembre 2008, disponible sur http://harribey.u-bordeaux4.fr.

20 Voir Attac, *Le Développement a-t-il un avenir ? op. cit.*

21 Voir le réseau Forum pour d'autres indicateurs de richesse (FAIR) créé en 2008 à l'initiative de Jean Gadrey pour faire entendre la voix de la société lors de la mise en place par Nicolas Sarkozy de la commission Sen-Stiglitz-Fitoussi (http://www.idies.org). Pour une contribution critique, voir J.-M. Harribey, « Quand le sage montre la lune, le fou regarde le doigt, Quelques propositions pour contribuer au débat sur la richesse », disponible sur http://harribey.u-bordeaux4.fr.

Les biens publics mondiaux, pour la coopération entre les peuples

Notre démarche est de faire des biens publics les objectifs et les instruments de la mondialisation que nous voulons. Le concept de biens communs de l'humanité, couramment désignés comme biens publics mondiaux (BPM), a été forgé pour décrire ces besoins qui s'expriment à l'échelle planétaire et ne peuvent être produits par les marchés en raison de leurs deux caractéristiques principales : aucune personne ne peut être exclue de la consommation d'un bien public (principe de non-exclusion) et l'usage d'un bien public par quelqu'un n'en prive pas les autres membres d'une communauté (principe de non-rivalité). L'objectif d'un développement équilibré de la planète ne peut être atteint que si des biens publics tels que la santé, l'éducation et la sécurité font l'objet de politiques définies et financées à l'échelle internationale sur des ressources publiques.

Actuellement, on constate une très forte sous-production de BPM. L'instabilité financière internationale, les pandémies, la criminalité financière, l'insuffisante diffusion du savoir et d'Internet, la dégradation de l'environnement, notamment, peuvent être analysées comme des manques de BPM. Sous l'effet de la mondialisation et de l'insuffisante production de biens communs, la planète est ainsi devenue instable, inégalitaire et, pour partie, insalubre. Plusieurs raisons expliquent l'insuffisance des BPM. Il y a d'abord un problème d'évaluation des coûts et de leurs rendements, en raison notamment de l'horizon temporel dans lequel ils s'inscrivent. Les BPM ne peuvent, en effet, que se mesurer à long terme. Ainsi, les politiques de lutte contre l'instabilité financière et la destruction de la biodiversité ont des coûts élevés et des rendements incertains, mais lointains, qui peuvent décourager les initiatives des acteurs publics. En second lieu, l'insuffisance actuelle des BPM vient de leur dimension spatiale. Les politiques budgétaires et fiscales des États sont définies sur une base nationale, alors que les bénéfices tirés de ces biens profitent très largement à des pays tiers. Des ressources publiques ne pourront être dégagées en quantité suffisante qu'à la condition de mettre en place un dispositif fiscal global, fonctionnant sur un espace élargi.

Que ce soit à propos de la sécurité alimentaire, de la maintenance du climat, de la stabilité financière, de l'accès aux ressources naturelles épuisables ou des connaissances, les biens publics mondiaux dépendent d'une décision politique d'appliquer le principe du refus d'exclure quiconque et celui de rendre les individus non concurrentiels les uns vis-à-vis des autres. Ils peuvent alors être utilisés pour garantir de nouveaux droits : ainsi, le libre accès aux connaissances produit même des externalités positives, puisque plus il y a de gens qui savent, plus la connaissance progresse vite. Leur protection lorsqu'il s'agit de l'environnement ou leur production seront alors financées par les taxes globales évoquées ci-dessus. Après trois décennies de discrédit jeté sur les impôts, le temps de la réhabilitation des politiques publiques est venu.

Des politiques publiques garantes de l'intérêt général que nous avons placé sous la double exigence sociale et écologique ne peuvent se penser et se réaliser que dans le cadre d'une démocratie profondément renouvelée : celle des citoyens à la place de celle des actionnaires.

Conclusion
Face à une crise systémique, réponse systémique

La chronologie apparente des événements qui ont vu se succéder une crise immobilière, une crise bancaire, une crise financière, la récession et enfin la déflation pourrait laisser croire à un enchaînement causal, dont chaque étape serait la résultante de la précédente. Au terme de cet enchaînement, il y aurait une crise sociale doublée d'une crise écologique, lesquelles seraient des conséquences de l'ébranlement qui a secoué la finance internationale. Ce n'est pas notre vision des choses. Certes, en fin de compte, la crise majeure va aggraver les conditions de vie du plus grand nombre en même temps que leur environnement sera davantage dégradé. Mais ce livre entend montrer que la crise sociale, c'est-à-dire la dégradation considérable des rapports sociaux, est au cœur même de la crise financière ; elle en est même l'origine profonde. De plus, cette crise se produit à un moment où la démesure du système lui fait franchir la limite de l'écologiquement supportable.

En d'autres termes, le capitalisme mondialisé traverse une grave crise structurelle parce que l'exacerbation de sa logique du profit pour l'accumulation sans fin l'a conduit à sacrifier les deux piliers sur lesquels il s'appuie et dont il ne peut se passer : les humains et la nature. La finance capitaliste (*capital*, du latin *caput*, tête) marchait sur la tête, il s'agit de remettre l'économie sur ses deux pieds.

En s'approchant ainsi de ses limites, le capitalisme global crée les conditions d'une crise de la globalisation. Celle-ci est systémique pour au moins cinq raisons :

– Elle touche en premier lieu le cœur du capitalisme, les États-Unis et tous les pays de la Triade, et elle s'étend ensuite à la périphérie du système.

– Le modèle d'accumulation financière est insoutenable, tant en termes de partage des richesses que de prolifération de techniques spéculatives.

– Elle est multidimensionnelle, du financier à l'économique, du social à l'écologique.

– Elle est aussi une crise intellectuelle car l'idéologie néolibérale est délégitimée : le marché, la concurrence, le libre-échange, le laisser-faire et l'appât du gain ne conduisent pas au bien-être général.

– Elle est géopolitique car les rapports de force dans le monde ont évolué et ne ressemblent plus du tout à ceux de l'après-guerre ; les institutions mises en place à ce moment-là sont de ce fait inadaptées.

Bien entendu, les classes et les lobbies dominant le monde ne restent pas inactifs devant leur propre crise. Leur premier mouvement fut de renouer avec leurs vieux réflexes : privatiser les profits et socialiser les pertes, tel fut le principe général des plans de sauvetage désespérés des banques en faillite qui menaçaient d'entraîner dans leur chute l'économie entière. Nous pensons que cette approche n'est pas en mesure de répondre aux urgences sociale et écologique du XXIe siècle.

Au contraire, cette crise de la globalisation révèle le bien-fondé de la démarche altermondialiste. Elle donne raison à ses analyses critiques qui avaient montré, bien auparavant, le caractère non soutenable de la mondialisation néolibérale, sous l'emprise de la finance. Par voie de conséquence, la crise donne du crédit à nos propositions. Pour l'humanité et la planète, la priorité est de sortir de la logique de l'accumulation infinie de marchandises, et de repenser les finalités du travail et de la société afin de parvenir à un développement humain soutenable socialement et écologiquement.

Mais nous savons que cette autre mondialisation à laquelle nous aspirons, fondée sur les valeurs collectives, les biens publics mondiaux et la coopération entre les peuples, ne se réalisera que si une condition essentielle est satisfaite : il faut que le mouvement social, auquel participent les altermondialistes, parvienne à créer un rapport de force politique favorable face aux acteurs publics et privés qui gouvernent aujourd'hui le monde. Seule une alliance large entre les forces de transformation sociale progressistes à l'échelle internationale permettra d'atteindre cet objectif.

Petit glossaire de la finance

On pourra consulter en complément Attac, *Le Petit Alter. Dictionnaire altermondialiste*, Paris, Mille et une nuits, 2006.

Action. Titre de propriété qui correspond à une fraction du capital d'une entreprise. Les actions sont émises par l'entreprise, à différents moments possibles, comme lors de son entrée en Bourse ou lors d'une augmentation de capital. Cette action prendra de la valeur ou en perdra à la Bourse, selon que les intervenants sur le marché boursier l'achèteront ou la vendront. Une action donne droit au paiement d'un dividende, qui est la part du bénéfice d'un exercice distribuée aux actionnaires.

Banque centrale. Institution placée à la tête et au-dessus d'un système bancaire composé d'une multitude de banques ordinaires (qui servent d'intermédiaires financiers entre les agents économiques et qui émettent de la monnaie de type scriptural). Elle est indispensable au système bancaire dès l'instant où il y a multiplicité des banques ordinaires. Elle assure la compensation entre elles et contrôle les flux d'émission de monnaie des banques ordinaires. Elle joue un rôle crucial dans les relations extérieures monétaires et financières avec d'autres systèmes monétaires et financiers nationaux ou internationaux. On l'appelle souvent le « prêteur en dernier ressort » car elle apporte des liquidités aux banques ordinaires en difficulté pour éviter un risque systémique, c'est-à-dire la propagation d'une crise à tout le système bancaire et financier.

BCE (Banque centrale européenne). Lors de la création de l'Union économique et monétaire européenne consacrée par le traité de Maastricht, la BCE a reçu un statut la rendant indépendante des pouvoirs politiques et lui confiant une seule mission : celle de maintenir les prix et d'éviter tout retour de l'inflation, sans aucun souci de l'activité économique et de l'emploi, lui interdisant même de prêter de l'argent à un État, alors que, à l'origine, les banques centrales avaient été créées pour cela.

Bourse. Marché où s'échangent les titres financiers, appelés aussi valeurs mobilières (actions, obligations, produits dérivés, etc.). Les partisans des marchés boursiers prétendent qu'il s'agit d'organes de régulation et d'une source de financement de l'investissement. Les phénomènes moutonniers et la très faible adéquation entre Bourse et investissement ne confirment pas ces assertions. La fonction essentielle de la Bourse étant d'assurer la liquidité des titres financiers déjà émis et non pas, comme on le croit souvent, de fournir aux entreprises des fonds nouveaux (c'est en quelque sorte un marché d'occasion des titres), les porteurs de titres réalisent des plus-values ou des moins-values lorsqu'ils revendent leurs titres. Ceux qu'on appelle pompeusement « investisseurs » sont pour la plupart des spéculateurs profitant notamment de l'effet de levier fourni par les achats et ventes à découvert ou par la multiplication des produits dérivés.

Credit crunch. Les banques ordinaires cessent de prêter, y compris à des emprunteurs parfaitement solvables. Le système bancaire et, par suite, l'ensemble de l'économie peuvent être privés de liquidités. L'expression est généralement traduite en français par « rationnement » ou « étranglement du crédit ».

CDO (*collateralized debt obligation*). Titre obligataire constitué de créances titrisées. Cette technique a été largement utilisée par le système financier états-unien pour transférer de la dette immobilière (notamment les prêts *subprime*) à des investisseurs du monde entier qui se sont gavés de ces CDO à hauts rendements. Leur valeur s'est effondrée avec la crise immobilière et financière des États-Unis.

CDS (*credit default swaps*). Contrat d'assurance portant sur la valeur d'une obligation. Moyennant une rémunération (prime), un assureur s'engage à compenser l'assuré de toute perte sur une obligation ou sur un crédit.

Effet de levier. Mécanisme permettant à un investisseur d'augmenter la rentabilité financière de ses fonds propres en empruntant une partie des sommes nécessaires à son investissement, afin de profiter de l'écart entre la rentabilité économique de l'affaire et le taux d'intérêt qu'il doit verser à son créancier. C'est ce mécanisme qui est utilisé notamment dans les opérations de LBO (*leveraged buy-out*) consistant, pour un fonds spéculatif, à racheter à crédit des entreprises pour les restructurer.

Fed (Réserve fédérale américaine). La Fed, banque centrale des États-Unis, pratique une politique monétaire plus souple que celle de la BCE en fonction des variations conjoncturelles de l'activité économique. Toutefois, elle ne s'écarte pas de la vision qui consiste à assurer avant tout la pérennité du système financier mondial qui profite en premier lieu aux États-Unis, en grande partie grâce à la suprématie du dollar en tant que monnaie internationale.

Fonds de pension. Ces fonds collectent une part du salaire mensuel des travailleurs et spéculent sur les marchés financiers pour faire fructifier ce capital collecté. Le but de ces fonds est double : d'une part, assurer aux salariés qui cotisent une retraite à la fin de leur carrière, le montant de la retraite versée étant déterminé par contrat entre les fonds et le salarié ; d'autre part, dégager des bénéfices supplémentaires pour leur propre compte. L'illusion libérale consiste à croire que les fonds de pension sont en mesure de créer une richesse supplémentaire pour aider, globalement, au paiement des retraites.

Fonds de placement – OPCVM (Organisme de placement collectif en valeurs mobilières). Fonds collectant de l'épargne et gérés par des investisseurs institutionnels. L'épargne collectée est placée dans un portefeuille diversifié de valeurs mobilières (actions et obligations) ou de titres de marché monétaire (comme les bons du Trésor). Les épargnants voient ainsi leur épargne gérée par des spécialistes du placement, courant un risque limité du fait de la diversification des placements. Ces fonds spéculent pour assurer une rémunération déterminée à leurs clients et pour dégager des bénéfices supplémentaires pour leur propre compte.

Fonds souverains. Fonds d'investissement public, gérés par les États et les banques centrales des pays ayant accumulé des actifs internationaux importants à la suite d'excédents extérieurs récurrents. C'est le cas des pays producteurs de pétrole (pays du Golfe, Norvège) ou des pays exportateurs de biens industriels, comme la Chine.

***Hedge funds* – Fonds spéculatifs.** Organismes privés qui gèrent des sommes empruntées en diversifiant les risques. Leur but unique est le profit financier. La structure de rémunération de ces fonds pose problème, car les gérants investissent aussi une part de leur fonds propres dans leurs placements. Rechignant à assumer des pertes, ceux-ci choisissent souvent d'accroître les risques de leurs positions spéculatives pour rattraper leurs pertes : il en résulte des « quitte ou double » qui peuvent se solder par des pertes importantes. Or, les *hedge funds* étant financés par de l'argent emprunté, leur banqueroute peut mener à des faillites en chaîne.

***Junk bond*.** Traduction littérale : obligation pourrie (on dit aussi « obligation camelote »). Obligation à hauts risques et à rendements élevés, émise notamment pour financer le rachat d'une société.

Marchés de gré à gré. Il existe deux types de marchés financiers. D'une part, les marchés organisés qui sont contrôlés par des autorités (qui peuvent être des institutions privées) et sur lesquels s'échangent des instruments financiers standardisés (par exemple des contrats à terme). D'autre part, on trouve les marchés financiers de gré à gré, qui ne font l'objet d'aucun contrôle et sur lesquels se déroulent la majeure partie des opérations de nature spéculative.

Obligation. Titre de créance qui correspond à une fraction d'un emprunt à long terme émis par une entreprise ou un État. L'obligation est une valeur remboursable à l'échéance et rapporte un intérêt fixe ou variable à celui qui l'achète. L'obligation est souvent considérée comme un titre moins risqué que l'action, vu que le détenteur est presque certain de retrouver son capital à l'échéance, à moins d'une faillite de l'émetteur.

Produits dérivés. Instruments financiers qui s'échangent sur des marchés spécialisés (marchés à terme et marchés d'options). Leur rôle principal devrait être de permettre la protection (couverture) des agents économiques contre l'instabilité des taux d'intérêt, des taux de change, des prix des titres ou des matières premières. Dans la réalité, les produits dérivés sont devenus de puissants instruments aux mains des spéculateurs.

Spéculation. Spéculer sur les marchés, notamment sur celui de la finance, c'est chercher à réaliser des gains en profitant des variations des prix des biens et des actifs financiers. Les revenus obtenus par les spéculateurs ne correspondent à aucune création de richesse, et les spéculateurs ne parviennent à maintenir leurs profits que parce que, dans le même temps, ils imposent aux entreprises un partage de la richesse réelle en leur faveur et au détriment des salaires. La plupart des opérations spéculatives ont lieu sur les marchés financiers. Elles sont le fait d'investisseurs qui cherchent à réaliser des plus-values en échangeant des titres (actions, obligations) sur le marché financier, et des monnaies sur le marché des changes. La spéculation est à l'origine de la plupart des mouvements internationaux de capitaux. Elle est la principale cause d'instabilité financière et monétaire.

Subprimes. Le marché des *subprimes* est constitué de prêts à hauts risques, en particulier les prêts immobiliers hypothécaires, accordés à une clientèle peu solvable ou à l'historique de crédit difficile. Les emprunteurs à risque sur ce marché ne bénéficient pas des meilleurs taux d'intérêt (*prime rates*), et doivent donc s'endetter à des taux moins avantageux (*subprime*), et donc plus coûteux.

Titres financiers On distingue les titres représentatifs de capitaux propres (actions), les titres représentatifs de l'endettement (obligations) et les produits dérivés (*swap*, *futures* et *options*). Les actions génèrent des revenus variables (dividendes) et les obligations des revenus fixes (intérêts).

Titrisation. Technique qui permet aux banques de transformer leurs crédits en titres. Ces titres sont ensuite vendus à des investisseurs. La titrisation est donc un moyen pour les banques de transférer leurs risques à des investisseurs. Cette innovation a été largement utilisée pour les crédits hypothécaires, et notamment pour les crédits *subprime* (crédits immobiliers à hauts risques) aux États-Unis.

Bibliographie

Ne sont reprises ici que les principales références utilisées dans ce livre. Toutes les autres figurent en notes de bas de page.

AGLIETTA Michel, *La Crise, Pourquoi en est-on arrivé là ? Comment en sortir ?*, Michalon, Paris, 2008.

ATTAC, *Lettre du Conseil scientifique*, http://www.france.attac.org.

ATTAC, *Manifeste altermondialiste*, Paris, Mille et une nuits, 2007 ; également version résumée « 4 pages », Attac, janvier 2007.

ATTAC (sous la dir. de J. COSSART), *Le G8 illégitime*, Mille et une nuits, Paris, 2003, rééd. 2007.

ATTAC (sous la dir. de J.-M. HARRIBEY), *Le Développement a-t-il un avenir ? Pour une société solidaire et économe*, Mille et une nuits, Paris, 2004.

ATTAC (sous la dir. de J.-M. HARRIBEY), *Le Petit Alter. Dictionnaire altermondialiste*, Mille et une nuits, Paris, 2006.

ATTAC (sous la dir. de J. TOSTI), *L'Europe à quitte ou double*, Syllepse, Paris, à paraître en 2009.

ATTAC D'EUROPE « Le temps est venu : Sortons de l'économie casino ! », 2008, disponible sur http://www.france.attac.org.

BOYER Robert, « Une crise tant attendue. Leçons d'histoire pour économistes », Centre Cournot pour la recherche en économie, *Prisme* n° 13, novembre 2008, http://www.centrecournot.org.

CHESNAIS François (sous la dir.), *La Finance mondialisée. Racines sociales et politiques, configuration, conséquences*, La Découverte, Paris, 2004.

CONSEIL D'ANALYSE ÉCONOMIQUE (Robert BOYER, Mario DEHOVE, Dominique PLIHON), *Les Crises financières*, La Documentation française, Paris, 2004.

CONSEIL D'ANALYSE ÉCONOMIQUE (Patrick ARTUS, Jean-Paul BETBÈZE, Christian DE BOISSIEU, Gunther CAPELLE-BLANCARD), *La Crise des* subprimes, La Documentation française, Paris, 2008.

DE BRUNHOFF Susanne, CHESNAIS François, DUMÉNIL Gérard, HUSSON Michel, LÉVY Dominique, *La Finance capitaliste*, Séminaires d'études marxistes, PUF, Paris, Actuel Marx Confrontation, 2006.

DUMÉNIL Gérard, LÉVY Dominique, *Crise et sortie de crise. Ordre et désordres néolibéraux*, PUF, Paris, Actuel Marx Confrontation, 2000.

DUMÉNIL Gérard, LÉVY Dominique, *Économie marxiste du capitalisme*, La Découverte, Repères, Paris, 2003.

FMI, *Perspectives de l'économie mondiale*, Rapport avril 2007, Washington, 2007.

GEORGE Susan (ATTAC), *Remettre l'OMC à sa place*, Mille et une nuits, Paris, 2005.

HARRIBEY Jean-Marie, *L'Économie économe. Le développement soutenable par la réduction du temps de travail*, L'Harmattan, Paris, 1997.

HARRIBEY Jean-Marie, « Le travail productif dans les services non marchands : un enjeu théorique et politique », *Économie appliquée. An International Journal of Economic Analysis*, tome LVII, n° 4, décembre 2004, p. 59-96, disponible sur http://harribey.u-bordeaux4.fr.

HUSSON Michel, *Un pur capitalisme*, Éditions Page deux, Lausanne, 2008.

JORION Paul, *L'Implosion. Ce qui révèle et annonce la « crise des* subprimes », Fayard, Paris, 2008.

JORION Paul, *La Crise. Des* subprimes *au séisme financier planétaire*, Fayard, Paris, 2008.

KEYNES John Maynard, *Théorie générale de l'emploi, de l'intérêt et de la monnaie* (1936), Payot, Paris, 1969.

Kindleberger Charles, *Histoire mondiale de la spéculation financière*, Éditions PAU, Paris, 1994.

Landau Jean-Pierre, *Les Nouvelles Contributions financières internationales*, La Documentation française, Paris, 2004, disponible sur http://www.france.attac.org.

Lordon Frédéric, *Jusqu'à quand ? Pour en finir avec les crises financières*, Raisons d'agir, Paris, 2008.

Marx Karl, *Le Capital*, Livres I, II et III, 1867, 1885, 1994, *in Œuvres*, Gallimard, La Pléiade, Paris, tome I, 1965, tome II, 1968.

Millet Damien, Toussaint Éric, *60 Questions, 60 réponses sur la dette, le FMI et la Banque mondiale*, CADTM, Syllepse, Bruxelles, 2008.

Morin François, *Le Nouveau Mur de l'argent. Essai sur la finance globalisée*, Seuil, Paris, 2006.

OCDE, *Perspectives de l'environnement à l'horizon 2030*, OCDE, Paris, 2008, disponible sur http://www.oecd.org.

ONU, *World Economic and Social Survey, Overcoming Economic Insecurity*, New York, 2008.

Orléan André, *Le Pouvoir de la finance*, Odile Jacob, Paris, 1999.

Passet René, *L'Économique et le vivant*, Payot, Paris, 1979, 2e éd. Economica, Paris, 1996.

Plihon Dominique, *Le Nouveau Capitalisme*, La Découverte, Repères, Paris, 2004.

Plihon Dominique, *La Monnaie et ses mécanismes*, La Découverte, Repères, Paris, 2008.

Polanyi Karl, *La Grande Transformation. Aux origines politiques et économiques de notre temps* (1944), Gallimard, Paris, 1983.

Stiglitz Joseph, *La Grande Désillusion*, Mille et une nuits, Fayard, Paris, 2002.

Stiglitz Joseph, *Quand le capitalisme perd la tête*, Fayard, Paris, 2004.

Stiglitz Joseph, *Un autre monde. Contre le fanatisme du marché*, Fayard, Paris, 2006.

Table des matières

Introduction. La mondialisation calamiteuse 7

1 Crises multiples, crise globale, crise de la globalisation 13

Une crise financière, 13
Une crise sociale, 16
Une crise écologique, 21
Une crise globale qui est une crise de la globalisation, 25

2 La relation entre finance et production 31

Quelle articulation entre finance et économie réelle ?, 31
Quels canaux de transmission ?, 39

3 Trente ans de néolibéralisme 43

Les objectifs et méthodes du néolibéralisme, 43
Le changement de cap des politiques économiques à la fin des années 1970, 45
L'Europe néolibérale se met en place dans les années 1980, 48
Le consensus de Washington et la généralisation des politiques néolibérales dans les pays en développement à partir des années 1990, 49

Une redistribution de la valeur ajoutée et des profits en direction des détenteurs du capital financier et des très hauts salaires, 53

4 Les États-Unis d'Amérique ou la fuite en avant 55

L'endettement : un modèle en échec, 55
Le cumul des déficits, 60
La suprématie du dollar : une arme émoussée ?, 64

5 Les crises néolibérales dans les pays du centre et de la périphérie du capitalisme 65

Nature et effets des politiques de libéralisation financière, 66
L'ampleur des crises : le rôle décisif du système bancaire, 68
Les innovations au cœur des crises, 70
Les crises du capitalisme se multiplient mais ne se répètent pas, 72
*Début du XXI*e *siècle : les pays du centre piégés par les politiques néolibérales, 73*

6 La crise financière, acteurs et mécanismes 75

Le rôle croissant des investisseurs internationaux, 76
Les banques au cœur de la crise financière, 81
Le circuit des crédits subprime *et les acteurs de la finance mondiale, 83*
Le déclenchement de la crise, 85
À qui perd gagne ?, 86
La crise se propage à l'Europe, alignée sur le modèle financier américain, 88

7 La crise financière se transmet à la sphère productive 91

Du financier à l'économique et vice versa*, 91*
Évaluation de la récession américaine, 93
Le clone britannique ou la fin du modèle « blairiste », 95
La zone euro à la croisée des chemins, 96
Face à la crise : hétérogénéité des situations et des réactions, 99

8 Le système se rapproche-t-il de ses limites ? 103

9 Propositions pour articuler les objectifs sociaux et écologiques 113

L'impuissance des autorités monétaires et politiques, 113
Les États viennent à la rescousse des banques centrales, 114
Les plans de relance ne parviennent pas à empêcher la récession, 116
Imposer une nouvelle logique, 118
La finance mise au pas, 118
Une organisation alternative de la finance mondiale, 120
Une architecture financière internationale fondée sur la coopération, 122
Refonder l'entreprise pour valoriser le travail, 123
Le social et l'écologie au premier plan, 125
Pour une autre répartition des richesses, 125
Pour une maîtrise collective du cadre de la vie humaine, 127
Une autre conception de la richesse, 129
Les biens publics mondiaux, pour la coopération entre les peuples, 131

Conclusion. Face à une crise systémique, réponse systémique 133

Petit glossaire de la finance 137

Bibliographie 143

SUR LE VIF

LA DÉCOUVERTE

Florence Aubenas et Miguel Benasayag, *La Fabrication de l'information*, 1999.
— *Résister c'est créer*, 2002.

Bertrand Badie *et al.*, *Pour un autre regard sur les migrations*, 2008.

Étienne Balibar, Monique Chemillier-Gendreau, Jacqueline Costa-Lascoux, Emmanuel Terray, *Sans-papiers : l'archaïsme fatal*, 1999.

Miguel Benasayag, Angélique del Rey et RESF, *La Chasse aux enfants*, 2008.

Esther Benbassa et Jean-Christophe Attias (dir.), *Juifs et musulmans*, 2006.

Nicole Bernheim, *Où vont les Américains ?*, 2000.

Marwan Bishara, *Palestine/Israël, la paix ou l'apartheid ?*, 2ᵉ éd. 2002.

Daniel Borrillo et Pierre Lascoumes, *Amours égales ?*, 2002.

Philippe Breton, *Le Culte de l'Internet*, 2000.

Alain Caillé (dir.), *Quelle démocratie voulons-nous ?*, 2006.

André Cicolella, *Le Défi des épidémies modernes*. 2007.

Collectif, *À gauche !*, 2002.

Collectif, *Où va le mouvement altermondialisation*, 2003.

Joss Dray et Denis Sieffert, *La Guerre israélienne de l'information*, 2002.

Gérard Filoche, *Salariés, si vous saviez...*, 2008.

Alain Garrigou, *L'Ivresse des sondages*, 2006.

Vincent Geisser, *La Nouvelle Islamophobie*, 2003.

Marion Gret et Yves Sintomer, *Porto Alegre*, 2005.

Groupe Marcuse, *De la misère humaine en milieu publicitaire*, 2004.

Michel Husson, *Les Casseurs de l'État social*, 2003.

Michel Husson (dir.), *Travail flexible, salariés jetables*, 2006.

Isaac Joshua, *La Grande Crise du XXIᵉ siècle*, 2009.

Louis Joinet (dir.), *Lutter contre l'impunité*, 2002.

Olfa Lamloum, *Al-Jazira, un miroir rebelle et ambigu du monde arabe*, 2004.

Jean-Pierre Le Goff, *La Barbarie douce*, 2ᵉ éd. 2003.

Ligue des droits de l'Homme, *La Démocratie asphyxiée*, 2008.
— *Une société de surveillance ?*, 2008.

François Lille et François-Xavier Verschave, *On peut changer le monde*, 2003.

Alain Lipietz, *Qu'est-ce que l'écologie politique ?*, 2ᵉ éd., 2003.

Laurent Mucchielli, *Violences et insécurité*, 2ᵉ éd. 2002.
— *Le Scandale des « tournantes »*, 2005.

Laurent Mucchielli (dir.), *La Frénésie sécuritaire*, 2008.

Laurent Mucchielli et Véronique Le Goaziou (dir.), *Quand les banlieues brûlent...*, 2ᵉ éd. 2007.

Gérard Neyrand (dir.), *Faut-il avoir peur de nos enfants ?*, 2006.

Marion Paoletti, *Décentraliser d'accord, démocratiser d'abord*, 2007.

Philippe Pignarre, *Comment sauver (vraiment) la Sécu*, 2004.

François de Ravignan, *La Faim, pourquoi ?*, 2009.

Claire Rodier et Emmanuel Terray (dir.), *Immigration : fantasmes et réalités*, 2008.

Denis Sieffert, *Comment peut-on être (vraiment) républicain ?*, 2006.

Pierre-André Taguieff et Michèle Tribalat, *Face au Front national*, 1998.

Pierre Tevanian, *La République du mépris*, 2007.

Raoul Vaneigem, *Rien n'est sacré, tout peut se dire*, 2003.

— *Ni pardon ni talion*, 2009.

Série « Dix clés pour comprendre »

Comité Tchétchénie, *Tchétchénie*, 2005.

Thomas Hofnung, *La Crise en Côte-d'Ivoire*, 2005.

Fanny Lafourcade, *Le Chaos irakien*, 2007.

Djallal Malti, *La Nouvelle Guerre d'Algérie*, 1998.

Perline et Thierry Noisette, *La Bataille du logiciel libre*, 2ᵉ éd. 2006.

CPI
Bussière

Composé par *DV Arts Graphiques*
à La Rochelle.
Imprimé par CPI Bussière en avril 2009
à Saint-Amand-Montrond (Cher).
Dépôt légal : mai 2009.
N° d'impression : 091187/1.
Imprimé en France